지금 이순 간에도,

절망 중에 소망을 노래하며

하나님을 붙들고 있을 믿음의 동역자들에게

진심으로 격려와 사랑을 전합니다.

여러분들을 통해

시편 151편이 쓰여질 것입니다!

향기(향기가 있는 찬양 이야기)

초판 1쇄 발행 · 2010년 9월 6일

지은이	김자영
펴낸이	박종렬

펴낸곳	조이어스
주소	서울시 서초구 방배동 873-9 이원빌딩 B1F
전화	02)534-4082
팩스	02)534-4084
홈페이지	www.joyousmission.or.kr
판권	

등록	제 321-2009-000163 호(2009년 09월 23일)
ISBN	978-89-963224-2-9 (03230)

조이어스미션 출판부는 하나님의 영광을 위하여 살아가는 사람들의 신앙과
삶을 통하여 독자에게 영적인 도전과 영향력을 주는 문화선교를 꿈꿉니다.

*조이어스미션 출판부에서 판매되는 책의 모든 수익은 선교를 위해서 사용됩니다.

향기

향기가 있는 찬양 이야기 / 김자영

Joyous

이 책「향기」에 담긴 모든 이야기는 실화를 바탕으로 쓴 글입니다. 길게는 200년 가까이 된 찬송가들과, 짧게는 10여 년 전에 지어진 현대 복음성가들이 세상에 나오게 된 배경을 모아 이야기로 풀어 보았습니다.

수많은 찬양곡의 자료를 찾고 모으면서 알게 된 사실은 대부분의 찬양곡들이 평범한 사람들의 삶속에서 쓰여 졌다는 것과, 하나님께서 기뻐 받으시는 찬양은 타고난 예술적 감각과 천재적인 재능보다 평범한 삶 속에서 구별된 삶을 살아가는 믿음의 고백이라는 것이었습니다. 구별됨, 그것은 믿음의 사람이 평범한 삶속에서 고난을 만났을 때, 드러나는 태도였습니다. 그리고 그 구별된 고백위에 하나님께서 향기로운 기름을 부어주신 노래가 찬양이었습니다.

「향기」는 이해 할 수 없는 고난과 시련 속에서 '할렐루야'를 외친 그 사람들의 이야기입니다. 신음소리 조차 나오지 않을 때, 손을 들어 하나님을 찬양한 사람들의 이야기입니다. 또한, 절망 중에 하나님의 위로와 은혜를 경험한 사람들의 이야기입니다.

전염병으로 두 아이를 한꺼번에 잃은 어머니가 눈물로 엎드려 쓴 '내 구주 예수를 더욱 사랑', 세상의 부귀영화를 손에 쥘 수 있는 유혹 앞에 믿음을 택한 무명 가수의 노래 '주 예수 보다 더 귀한 것은 없네', 흑인 노예선 선장이 지난 일을 눈물로 회개하며 쓴 '나 같은 죄인 살리신', 먼지 쌓인 공장 한 켠에서 가난한 목회자가 쓴 '그 크신 하나님의 사랑', 병에 걸려 죽음을 앞둔 여배우의 믿음의 고백 '내 주를 가까이 하게 함은'....

어떠한 상황에도 끝까지 하나님을 신뢰하며 찬양하는 이 믿음의 노래 앞에 어쩌면 세상 사람들은 겹겹의 고난을 맞은 욥에게 '차라리 하나님을 저주하고 죽으라'고 말한 욥의 아내처럼 오히려 조롱하며 비웃을지도 모릅니다. 그러나 하나님은 그 믿음의 고백위에 성령의 기름을 부어주셨고 세상의 어떤 노래와도 비할 수 없는 향기로운 찬양이 되게 하셨습니다. 그리고 그 찬양은 수십 년, 백년이 넘은 지금 이 순간 까지도 찬양이 불리는 자리마다 하나님의 위로를 전하고 생명을 일으키고 있습니다.

자료를 모으고 글을 쓰는 내내 송구스러운 마음이었음을 고백합니다. 음악과 신학, 어느 분야에도 전문성이 없는 내가 과연 이 이야기를 써도 될까 고민이 되었습니다. 삶으로 믿음을 증거하며 찬양곡을 남겨주신 선배들에게 행여나 누가 되지는 않을까 조심스러웠기 때문입니다. 그러나 찬양 한곡 한곡에 담긴 이야기를 알아갈 수록 밭에 감추어졌던 보화를 발견한 사람처럼 가슴이 두근거렸습니다. 이 향기로운 이야기를 안고 찬양을 부를 때마다 누린 은혜를 사랑하는 동역자들과 함께 하고 싶은 마음이 커져갔습니다. 그 마음 하나로 나누는 글입니다. 거친 손에서 쓰인 글이라도 혜량해주시며 읽어주시면 감사하겠습니다.

 높은 산이 거친 들이 초막이나 궁궐이나
 내주 예수 모신 곳이 그 어디나 하늘나라

 세상을 이기는 이 구별된 힘과 기쁨, 그 찬양의 고백이 우리의 삶에 충만하길 기도합니다.

Contents

3. 약속과 기다림

4. 회개와 회심

5. 신뢰와 감사

sweet scented gospel song story

고난과 위로

♪ 고난과위로

It is well with my soul

19세기의 욥, 스패포드 변호사의 고백

001 내 평생에 가는 길

호레시오 G. 스패포드는 1838년 뉴욕에서 태어났다. 유능한 변호사로 활동하던 그는 한 대학의 법학과 교수이면서 신학교의 이사 직분을 맡고 있었다. 또한 세계적인 부흥사인 드와이트 무디(Dwight L. Moody)목사와도 절친한 친구 사이로서 무디 교회의 회계 집사로 교회를 섬기고 있었다. 스패포드 변호사는 사회의 엘리트로서 부와 명예를 누리고 있었지만 무엇보다도 신실한 믿음을 가진 크리스천으로서 영향력을 끼치는 사람이었다.

안팎으로 칭송을 받으며 성실하게 살아가던 그에게는 사랑스러운 아내와 네 명의 딸들이 있었다. 웃음소리가 가실 날 없던 그의 집은 누구나 부러워할 만한 다복한 가정이었다.

그런데 1871년, 시카고 전역을 휩쓴 대형화재는 그의 집과 재산을 순식간에 잿더미로 만들어버렸다. 게다가 그 충격과 후유증으로 아내의 건강마저 급격히 나빠지고 말았다. 담당의사는 그에게 아내의 건강회복과 가족의 심리적인 안정을 위해 환경을 잠시 바꿔보라는 권고를 했고 그는 오랜 고심 끝에 가족을 위한 유럽 여행을 준비했다. 그러나 급히 처리해야할 일이 있었던 스패포드 변호사는 아내와 네 딸들을 먼저 유럽행 여객선에 태워 보내고 일이 끝나는 대로 곧 뒤따라가 여행에 합류하기로 했다. 가족들을 배웅하고 돌아와 서둘러 업무를 정리하며 곧 함께할 여행을 기대하고 있던 그에게 며칠 후 긴급한 전갈이 왔다. 그의 가족이 탄 여객선이 대서양 한가운데서 영국의 철갑선과 충돌해 침몰했다는 소식이었다. 200명이 넘게 목숨을 잃은 이 비극적인 소식과 함께 도착한 전보에는 몇 마디 말이 긴박히 쓰여 있었다.

'혼자 살아남았어요. 내가 어떻게 해야 하나요…' 대형 참사 속에서 익사직전에 홀로 구조된 아내의 메시지였다.

비통한 소식을 듣고 스패포드 변호사를 위로하기 위해 찾아오는 지인들의 발걸음이 이어졌다. 하지만 그는 오히려 침착하게 어떤 희생을 치러야 하는 상황일 지라도 하나님을 의지할 수 있어 감사하다고 말하며 아내를 데려오기 위해 배에 올라탔다. 흔들리지 않는 태도로 굳게 입술을 다문 그를 태우고 항구를 출발한 배는 유유히 영국을 향했고 바다 한가운데 이르렀다. 이때 선장이 바다의 한 곳을 가리키며 그에게 말했다. "저곳이, 사고지점입니다." 순간 스패포드 변호사는 이 모든 상황들이 꿈만 같았다. 수많은 사람들의 생명을 무섭게 삼켜버린 곳이라고 믿겨지지 않을 만큼 바다는 평온하게 출렁거리고 있었다. 그는 더 이상 참지 못하고 선실로 내려가 울음을 터트렸다. "저에게.. 제 아이들에게.. 저희 가족에게 왜 이런 일을 허락하신 겁니까?"

감당할 수 없는 슬픔과 절망이 거대한 파도처럼 그의 영혼을 덮쳐왔다. 며칠 전까지 품에 안겨 웃던 아이들을 더 이상 볼 수 없다는 사실을 심장을 도려내는 것 같은 고통과 함께 인정해야만 했다. 그제야 참아왔던 눈물이 통곡 소리와 함께 쏟아져 나왔다. 누구보다 하나님을 사랑했고, 화염 속에서 집과 재산이 없어져 버렸을 때에도 한마디 원망을 하지 않았던 자신에게 왜 이런 가혹한 시련을 주시지 물으며 그는 밤새 눈물로 몸부림쳤다. 네 자녀를 삼켜버린 폭풍은 그 밤, 그의 가슴속에 들어와 영혼을 뒤흔들었다.

　얼마나 지났을까. 밤새 울부짖어 기도하던 그의 영혼에 폭풍이 지나간 자리에 깃드는 고요가 찾아오고 있었다. 고통으로 지치고 상한 그의 몸과 마음에 부드러운 손길이 지나며 위로와 평강을 부어주는 것 같았다. 그리고 그 손길이 닿은 자리에는 원망과 괴로움이 씻기듯 사라지고 깊은 평강이 샘솟고 있었다. 그때, 한편의 시와 같은 믿음의 선포가 고요해진 그의 가슴속에서 울려 퍼졌다. 그가 입술로 그 시를 풀어내자 머리로는 이해할 수 없는 힘과 확신이 그의 영혼을 일으켰다. 스패포드 변호사는 곧 자리에서 일어나 그 고백을 찬송의 시로 쓰기 시작했다.

　내 평생에 가는 길 순탄하여 / 늘 잔잔한 강 같든지
　큰 풍파로 무섭고 어렵든지 / 나의 영혼은 늘 편하다
　내 영혼 평안해 / 내 영혼 내영혼 평안해

　그것은 고난 속에서 어떠한 폭풍도 이겨내는 평안의 선포였다.

　그 후 스패포드는 영국에 도착해 아내를 만났고 함께 시카고로 돌아왔다.

그리고 그의 오랜 믿음의 벗인 작곡가 블리스(Philip Paul Bliss)에게 이 찬송시를 건네며 작곡을 부탁했다. 이 시가 어떠한 상황 속에서 쓰여졌는지 알기 때문에 블리스는 이 시가 주는 평안의 힘에 놀라 전율했다. 그리고 그 감동으로 하늘 가락과 같은 곡조를 붙여 한곡의 찬송곡을 완성했다. 찬송가 속의 욥기라고 불려지는 '내 평생에 가는 길'은 이렇게 세상에 나오게 되었다.

After Story

스패포드(Horatio Gates Spafford, 1828~1888)는 그 후 아내와 두 딸을 낳았고, 1881년에는 예루살렘으로 이주해 미국인 거류지를 만들어 공동생활을 시작했다. 그리고 그곳에서 제자 양육과 가난한 이웃을 돌보는 일에 전념하며 여생을 보냈다. 많은 이들은 그런 그를 이상히 여기며 미친 사람으로 간주하기도 했다. 그러나 분명한 것은 그가 세상의 어떤 사람도 감당하기 어려운 시련 앞에서 주님이 주시는 평안을 선포함으로 고난을 이겨냈다는 사실이다.

내 평생에 가는 길
It is well with my soul

작사: 호레시오 스패포드 / 작곡: 필립 블리스

내 평생에 가는 길 순탄하여 늘 잔잔한 강 같든지
큰 풍파로 무섭고 어렵든지 나의 영혼은 늘 편하다

저 마귀는 우리를 삼키려고 입 벌리고 달려와도
주 예수는 우리의 대장 되니 끝내 싸워서 이기겠네

내 지은 죄 주홍빛 같더라도 주 예수께 다 아뢰면
그 십자가 피로써 다 씻으사 흰 눈보다 더 정하겠네

저 공중에 구름이 일어나며 큰 나팔이 울려날 때
주 오셔서 세상을 심판해도 나의 영혼은 겁 없겠네

후렴)
내 영혼 평안해 내 영혼 내 영혼 평안해

고난과 위로

He hideth my soul

미국인이 대통령보다 더 존경한 맹인 시인
패니 크로스비의 고백

002 오 놀라운 구세주

나는 정말 행복한 아이예요 앞은 볼 수 없지만요
나는 이 세상을 만족하며 살기로 결심했어요

이 시는 평생을 맹인으로 살았던 패니 크로스비가 8세에 쓴 시이다. 미국
뉴욕 주의 작은 마을 푸트남에서 태어난 패니는 생후 6개월이 되었을 때, 눈
병치료를 잘못해 실명을 했다. 아버지는 그녀가 태어난 지 1년도 안되어 세

상을 떠났고, 어머니는 그때부터 아버지의 빈자리를 대신해 종일 밖에서 일을 해야 했다. 유년시절, 패니의 곁에는 할머니뿐이었다. 그녀의 할머니는 앞을 볼 수 없는 패니에게 시각을 대신해 촉각과 미각, 후각 등 모든 감각으로 사물과 자연을 인식하고 느낄 수 있도록 가르쳐주었다. 또한 수시로 성경의 이야기를 들려주고 축복기도를 해주며 패니가 유년시절부터 하나님을 경외하고 신뢰하는 믿음을 갖게 했다. 할머니가 매일 들려 준 성경 이야기는 어린 패니의 가슴속에 펼쳐져 살아 움직였고, 그 속에서 만나는 하나님은 패니의 기쁨이 되었다. 다른 아이들처럼 마음껏 뛰놀 수도, 볼 수도 없었지만 시에서 고백한 것처럼 패니는 정말 행복한 아이가 되고 있었다.

하지만 열 한 살 되던 해, 그녀의 유일한 친구이자 선생님이었던 할머니마저 돌아가시자 패니는 절망에 빠졌다. 장애를 가진 패니에게 할머니의 죽음은 슬픔만이 아니라 홀로 서야 하는 외로움과 두려움까지 가져다주었기 때문이었다. 언젠가는 장애를 가지고 세상에 나가야 하지만 어머니의 노동으로 하루 벌어 하루 먹는 가난한 형편은 패니에게 배움의 기회조차 허락하지 않았다. '이제 나는 어떻게 살아야 할까?' 패니는 어둠속에 홀로 앉아 몸을 떨었다. 장애를 가진 딸을 홀로 두고 일을 해야 했던 어머니의 마음도 무너져 내렸다. 작은 오두막집에서는 이 가난한 모녀의 간절한 기도소리가 매일 밤 흘러나왔다. 해가 솟아 홀로 남겨진 낮이 되면 패니는 할머니와 어머니의 기도소리를 떠올리며 다시 마룻바닥에 엎드려 종일 기도를 하곤 했다. '주님, 저에게는 하나님뿐인걸 아시죠... 눈도 보이지 않고, 돈도 없어요. 그래도 배울 수 있는 길을 열어 주세요....'

그리고 3년 후, 패니와 어머니는 꿈같은 소식을 전해 듣게 되었다. 맨하튼에 맹인학교가 새로 생겨 패니가 전액 장학생으로 입학하게 된 것이었다. 그것뿐만이 아니었다. 그동안 골방에서 지은 그녀의 시들이 하나둘 세상에 알려지면서 사람들은 그 시로 찬양곡을 만들기 시작했다. 패니는 곧 유명한 시인이자 찬송가 작사자가 되었다. 그러나 성인이 된 패니에게 시련 또한 그치지 않았다. 38세에 자신을 깊이 이해하며 사랑해준 맹인 교수 밴 앨스틴과 결혼해 아이를 낳았지만 1년 만에 아이를 하늘나라로 보내야 하는 아픔을 견뎌야 했다. 하지만 어린 시절부터 어둠속에서 하나님을 의지하며 살아온 패니에게는 그 어떤 고통과 슬픔도 장애가 되지 않았다. 시련은 오히려 하나님을 더욱 신뢰하고 기대하게 했기 때문이었다. 패니는 그렇게 더욱 강건해지고 깊어진 마음으로 하나님을 찬양했다.

오 놀라운 구세주 예수 내 주 참 능력의 주시로다

큰 바위 밑 샘솟는 그곳으로 내 영혼을 숨기시네

메마른 땅을 종일 걸어가도 나 피곤치 아니하며

저 위험한 곳 내가 이를 때면 큰 바위에 숨기시고

주 손으로 덮으시네

이런 패니에게 사람들이 찾아오기 시작했다. 고아와 과부, 가난한 거리의 사람들부터 정치인, 경제인, 대통령까지 각계각층의 사람들이 그녀를 만났다. 작은 맹인 여인 패니는 한 사람 한 사람의 이야기를 들어주며 따뜻하게 안아주었고 그녀를 만난 사람들은 위로와 새 힘을 얻어 돌아갔다. 사람들은 존경하는 금세기 최고의 인물로 그녀를 뽑았다. 장애와 가난, 수많은 시련 속에서 패니가 경험한 하나님의 은혜와 돌보심은 그렇게 전해지고 있었다.

패니의 아름다움은 세월이 흐를수록 더 깊어지며 빛을 냈다. 60세에는 청년보다 더 열정적으로 시를 썼고, 90세에는 넘치는 기쁨으로 삶을 간증하고 다녔다. 육신은 세월을 따라 쇠해졌지만 그녀의 영혼은 세월이 흐를수록 더욱 맑고 풍성한 은혜를 누리며 95세에 평안히 하나님께로 갔다.

패니 제인 크로스비(Fannay Jane Crosby, 1820~1915)는 "나의 갈 길 다 가도록", "예수로 나의 구주 삼고", "주의 음성을 내가 들으니", "인애하신 구세주여", "나의 영원하신 기업", "예수 나를 위하여", "오 놀라운 구세주" 등 10,000여 곡을 써 역사상 가장 많은 곡을 작사한 찬송시인이다.

그녀가 남긴 한마디 한마디는 지금도 사람들의 마음을 경건케 하고 있다.

"하나님의 선하심 안에서 내가 '신뢰와 복종'의 교훈을 배우고 난 후 그분은 오랜 세월 동안 실패하지 않게 하셨어요. 주님은 나의 진실한 목자이셨죠. 주님이 보내 주신 두 천사, 자비와 진실은 제 오랜 삶 가운데서도 결코 부족하지 않게 하셨답니다. 이제 나는 주님의 집에 영원히 거할 것입니다."

– 패니 크로스비 –

오 놀라운 구세주
He hideth my soul

작사: 패니 제인 크로스비 / 작곡: 윌리엄 제임스 커크패트릭

오 놀라운 구세주 예수 내 주 참 능력의 주시로다
큰 바위 밑 샘솟는 그 곳으로 내 영혼을 숨기시네

오 놀라운 구세주 예수 내 주 내 모든 짐 벗기시네
죄악에서 날 끌어 올리시며 또 나에게 힘 주시네

측량 못할 은혜로 채우시며 늘 성령의 감화 주사
큰 기쁨 중 주님을 찬양토록 내 생활을 도우시네

후렴)
메마른 땅을 종일 걸어가도 나 피곤치 아니하며
저 위험한 곳 내가 이를 때면 큰 바위에 숨기시고
주 손으로 덮으시네 주 손으로 덮으시네

More Love to Thee, O Christ

두 아이를 잃은 고통속에서 주께 드린 어머니의 고백

003 내 구주 예수를 더욱 사랑

엘리자베스 프렌티스 여사는 미국 포틀랜드의 목회자 가정에서 태어났다. 어려서부터 몸이 약해 잦은 질병을 앓아 온 그녀는 결혼해서 가정을 이룬 후에도 병으로 누워 있는 시간이 더 많았다. 그러나 그녀는 절망하지 않고 신앙의 힘으로 이겨 내기 위해 노력하며 병상에서 시를 즐겨 썼다. 틈틈이 발표한 그녀의 시는 문단의 주목을 받았고 읽은 사람들에게 큰 감동을 주었다. 몸은 약했지만 따뜻한 가정의 울타리 안에서 아이들을 낳아 기르며 하루하루 하나님의 사랑을 더 깊이 묵상할 수 있다는 사실에 늘 감사했다.

프렌티스 여사가 결혼한 지 11년 되던 해인 1856년, 그녀의 가정에 상상할 수도 없는 시련이 닥쳤다. 당시 유행하던 무서운 전염병으로 두 자녀가 한꺼번에 목숨을 잃은 것이었다. 수년 동안 자신의 병약한 몸과 질병을 믿음으로 견뎌 왔던 그녀는 두 아이의 죽음 앞에 모든 것이 무너지는 것만 같았다.

하나님께 드려진 자신의 삶과 믿음의 가정에 왜 이런 시련이 찾아왔는지 이해할 수 없어 기도하는 것마저 고통스러울 정도였다. 오랫동안 절망하며 괴로워하는 그녀를 지켜보던 남편 프렌티스 목사는 그녀의 손을 잡고 이렇게 말했다. "여보, 너무 슬퍼 말아요. 이번 일은 우리가 오랫동안 믿고 가르쳐 온 일을 실생활에서 나타내는 좋은 기회가 아니겠소."

남편의 말에 프렌티스 여사는 자신이 써 왔던 찬송의 시들을 떠올렸다. 어떠한 상황 속에도 주를 신뢰하고 그분의 사랑을 노래하자는 시구들이 기억났다. 그리고 병상에서 하나님을 신뢰하며 누렸던 평안과 사랑스런 아이들을 키우며 예수님의 사랑과 천국을 가르쳤던 일들이 떠올랐다. 그러자 눈물과 함께 매 순간 하나님께서 그녀에게 부어 주신 축복과 늘 변함없이 베풀어 주신 사랑이 봇물 터지듯 기억나기 시작했다.

인생에서 가장 힘겹고 고통스러운 이때, 다 이해할 수 없지만 하나님의 사랑을 부인할 수가 없었다. '맞아요, 하나님. 제가 어떻게 하나님의 뜻을 깨달을 수 있나요…. 제가 어떻게 하나님의 선하심을 부인할 수 있나요…. 주님을 신뢰합니다. 주님을 신뢰합니다….' 그리고 그녀의 입술에서 하나님께 드릴 수 있는 최선의 고백, 최고의 소원이 흘러나왔다.

내 구주 예수를 더욱 사랑 엎드려 비는 말 들으소서
내 진정 소원이 내 구주 예수를 더욱 사랑 더욱 사랑

After Story

엘리자베스 페이슨 프렌티스 여사(Elizabeth Payson Prentiss, 1818~1878)가 두 자녀를 잃은 슬픔과 고통 속에서도 하나님을 더욱 사랑하겠다고 고백한 이 시는 13년 후에 남편 프렌티스 목사에게 발견되었고 윌리엄 하워드돈 박사가 곡을 붙여 발표했다. 특히 이 찬

송은 1870년 미국에 대부흥운동이 일어났을 때 미국 전역으로 퍼져

널리 알려졌다.

내 구주 예수를 더욱 사랑
More Love to Thee, O Christ

작사: 엘리자베스 프렌티스 / 작곡: 윌리암 하워드 돈

내 구주 예수를 더욱 사랑
엎드려 비는 말 들으소서
내 진정 소원이 내 구주 예수를
더욱 사랑 더욱 사랑

이전엔 세상 낙 기뻤어도
지금 내 기쁨은 오직 예수
다만 내 비는 말 내 구주 예수를
더욱 사랑 더욱 사랑

이 세상 떠날 때 찬양하고
숨질 때 하는 말 이것일세
다만 내 비는 말 내 구주 예수를
더욱 사랑 더욱 사랑

'Tis So Sweet to Trust in Jesus

남편을 잃고 선교지로 향하는 아내의 고백

004 구주 예수 의지함이

루이자 스테드 여사는 1850년에 영국의 도버에서 태어났다. 어린 시절부터 신앙생활을 한 그녀는 스물한 살이 되던 해에 미국에서 열린 부흥 집회에 참석하고 선교사가 되기로 결심했다. 그런데 선교 훈련을 받던 도중에 건강이 악화되어서 선교지로 떠나려던 계획을 포기해야만 했다. 할 수 없이 미국에서 정착해 살던 그녀는 성실한 청년을 만나 사랑을 하게 되었다. 두 사람은 곧 결혼해 행복한 가정을 이루었고 사랑스런 딸도 낳았다.

딸 릴리가 4살이 되던 해 여름, 그녀의 가족은 근처 해변으로 피크닉을 나섰다. 들 뜬 마음으로 도착한 바닷가에는 이미 많은 사람들이 일광욕을 즐기고 있었고 그녀의 가족도 한 켠에 자리를 잡았다. 화창한 햇살 아래 집에서 정성껏 싸 온 음식을 먹으며 평화로운 시간을 보내던 이들에게 갑자기 비명이 들려왔다.

비명을 따라 달려간 곳에는 한 소년이 바다에 빠져 허우적거리고 있었다. 모여든 사람들이 어찌할 바를 몰라 허둥대는 사이에 루이자 스테드 여사의 남편은 순식간에 물속으로 뛰어들었다. 그러나 그것이 남편의 마지막 모습이었다. 발버둥 치던 소년이 남편을 끌어당기는 바람에 두 사람 모두 익사하고 만 것이다.

눈앞에서 남편의 죽음을 보게 된 스테드 여사는 충격에서 헤어 나올 수가 없었다. 남편의 갑작스런 죽음이 믿기지 않았고 하루하루가 막막하고 절망적일 뿐이었다. 그녀는 어린 딸을 안고 하나님께 울부짖기 시작했다. 어느 날, 눈물로 기도하던 그녀의 가슴에 한 문장이 또렷이 떠올랐다. 예수님을 의지하고 그 약속 위에서 쉼을 얻으라는 메시지였다.

이해할 수 없는 현실의 고통 속에서 하나님을 신뢰하고 의지하기란 어려운 일이었지만 그녀는 기도 중에 떠오른 그 문장을 하나님께서 주신 약속으로 믿고 붙들었다. 그리고 이전에 선교사가 되기로 결심했던 일을 기억하며 딸과 함께 남아프리카로 건너가 선교사로서 사역을 시작했다. 현지에서 몸이 약해져 질병과 싸우면서도 스테드 여사는 선교지에서 만난 영혼들을 포기하지 않고 여생을 선교에 헌신하다가 하늘나라에 갔다. 그리고 이후 그녀가 떠난 빈자리를 그녀의 딸 릴리가 이어 갔다. 기도 중에 떠오른 문장을 토대로 해서 쓴 스테드 여사의 시에 윌리엄 제임스 커크패트릭(William James Kirkpatrick)이 곡을 붙인 찬송이 "구주 예수 의지함이"이다.

After Story

루이자 스테드 여사(Mrs. Louisa Stead, 1850~1917)는 사고로 남편을 잃은 후 딸과 함께 남아프리카로 들어가 선교 활동을 하다가 현지 출신 목사와 재혼했다. 1895년에는 건강이 악화되어서 가족과 함께 미국으로 들어갔지만 회복된 후에는 다시 남아프리카로 들어가 10년 동안 선교사로 헌로 헌신하다가 1917년 병으로 선교지에서 숨졌다.

　그녀가 선교지에서 세상을 떠났을 때, 그녀의 동료 선교사는 이렇게 말했다.

　"우리는 그녀가 너무나 그립습니다. 하지만 이곳 원주민들이 그녀가

　쓴 찬송가를 자신들의 모국어로 부르는 것을 보면 그녀의 영향력이

　지금도 계속되고 있음을 느낄 수 있습니다."

구주 예수 의지함이

'Tis So Sweet to Trust in Jesus

작사: 루이자 스테드 / 작곡: 윌리엄 제임스 커크패트릭

구주 예수 의지함이 심히 기쁜 일이세
허락하심 받았으니 의심 아주 없도다

구주 예수 의지하여 죄악 벗어 버리네
안위받고 영생함을 주께 모두 얻었네

구주 예수 의지하여 구원함을 얻었네
영원무궁 지나도록 함께 계시리로다

후렴)

예수 예수 믿는 것은 받은 증거 많도다
예수 예수 귀한 예수 믿음 더욱 주소서

죽음의 절망 앞에 들려주신 위로의 음성

005 저 장미꽃 위에 이슬

1868년에 미국 뉴저지 주에서 출생한 찰스 어스틴 마일즈는 어렸을 때부터 풍부한 음악적인 재능과 시적 재능을 보였다. 필라델피아대학에서 약학을 전공한 그는 대학 졸업 후 약국을 경영하며 아마추어 사진작가로도 활동하다가 1892년에는 약국을 그만두고 음악 서적 출판사에서 일하며 찬송가를 쓰기 시작했다.

1912년, 찰스는 평소와 다름없이 찬송시를 쓰기 위해 집에서 성경을 묵상하고 있었다. 그때 그의 친구 아담 가이벨이 찾아왔다. 아담은 얼마 전 제철회사에서 일어난 용광로 폭발 사고로 외동딸의 남편인 사위를 잃고 힘든 시간을 보내는 친구였다. 초췌한 얼굴로 찰스의 이야기를 들으며 간간히 지어 보이는 그의 미소에서 아직 씻어내지 못한 슬픔이 엿보였다. 친구의 아픔을 아는 찰스는 소소한 일상의 이야기를 나누며 웃음을 주려 했지만 이내 아담의 손을 잡고 다시 위로하기 시작했다. "아담…. 내가 자네의 슬픔을 어떻게 이해할 수 있겠나. 하지만 이제 산 사람은 살아야지."

찰스의 말에 아담의 눈이 금세 젖어 들었다. "그러게 말일세. 내가 이제 늙었나 보네. 슬픔이 쉬 가시질 않아. 하나밖에 없는 딸이 혼자되어서 검은 옷을 입고 앉아 있는 모습을 보면 차라리 나를 데려가시지 왜 한창 젊은 나이인 사위를 데려가셨나 하고 하나님이 원망스럽기도 하다네."

"그래…. 하나님의 뜻을 우리가 어떻게 헤아릴 수 있겠나. 그저 신뢰하며 그 뜻을 여쭐 수밖에. 분명한 건 자네 사위가 지금 하늘나라에서 예수님과 함께 평안을 누리고 있다는 사실이지. 우리도 언젠가는 기쁨으로 갈 나라가 아닌가." 찰스는 아담을 잡은 손에 힘을 주며 말했다.

"찰스, 자네 말이 맞아. 오랫동안 하나님을 믿어 온 내가 죽음 앞에서는 모든 게 다 끝난 사람처럼 낙망해 있다니…. 내가 이렇게 연약한 사람일세. 하지만 보이지 않는 천국을 소망한다는 건 참 어려운 일 같네. 자네가 나와 우리 가족을 위해 믿음으로 부를 찬송시 한 편을 지어 줄 수 있겠나?"

아담의 간곡한 부탁에 찰스는 고개를 끄덕이며 그와 그의 가족을 위로하기 위해 찬송시를 써 주기로 약속했다.

아담이 가고 난 후 찰스 어스틴 마일즈는 자신의 사진 장비가 있는 암실에 앉아 다시 성경을 펼쳤다. 그곳에 있으면 마음이 평안해지곤 했다. 평소에 가장 좋아하던 요한복음 20장의 말씀을 펼친 그는 곧 성경을 깊이 묵상하기 시작했다. 부활하신 예수님과 마리아가 만나는 장면에서는 마치 자신이 그 현장에 있는 듯한 착각이 들 정도로 생생하게 와 닿았다. 예수님의 무덤 앞에 서서 슬피 울던 마리아와 부활하신 몸으로 그녀에게 다가와 "마리아야"라며 부르시던 예수님의 잔잔한 음성. 그것은 슬픔과 절망감으로 무너진 심령을 일으키는 음성이었다. 예수님이 죽으신 줄만 알고 절망에 빠졌던 마리아에게 약속하신 부활의 몸을 보이시며 위로와 평안을 전하시던 예수님…. 그 음성이 그의 귀에도 생생히 들리는 듯 했다.

묵상을 하면서 세상이 줄 수 없는 위로와 기쁨을 체험한 마일즈는 그 감격

을 한 장 한 장 사진 찍듯이 시로 써 내려갔고 아름다운 곡조까지 붙여 찬송
가를 완성했다. 그리고 한 폭의 그림처럼 예수님과 대화하는 장면을 노래한
아름다운 찬송가 "저 장미꽃 위에 이슬"은 슬픔에 잠긴 그의 친구 아담 가이
벨의 가족뿐만 아니라 미국 전역에 퍼져 곧 전 세계에 위로와 소망을 주는
찬송가가 되었다.

  찬송가 '저 장미꽃 위에 이슬'의 작사 작곡자인 찰스 어스틴 마일즈
(Charles Austin Miles, 1868~1946)는 젊은 시절 약사로서의 안정적인
직업을 내려놓고 1898년부터 37년 동안 한 음악 서적 출판사의 편집자로
일하며 찬송가의 작사 작곡에 힘썼다. 수백 편의 찬송가를 작사 작곡하며
여러 권의 성가집을 출간했지만 사람들이 알아주는 찬송가는 많지 않았다.
그럼에도 그는 자신의 선택을 후회하지 않았다. 오히려 만나는 사람들에게
이렇게 고백했다.

  "나는 찬송가 작사자가 된 것을 자랑스럽게 생각합니다.
  찬송가를 쓰는 일은 저에게 주신 재능 중에
  하나님을 가장 잘 섬길 수 있는 일이기 때문이죠."

저 장미꽃 위에 이슬
In the Garden

작사 • 작곡: 찰스 어스틴 마일즈

저 장미꽃 위에 이슬 아직 맺혀 있는 그때에
귀에 은은히 소리 들리니 주 음성 분명하다

그 청아한 주의 음성 울던 새도 잠잠케 한다
내게 들리던 주의 음성이 늘 귀에 쟁쟁하다

밤 깊도록 동산 위에 주와 함께 있으려 하나
괴론 세상에 할 일 많아서 날 가라 명하신다

(후렴)

주가 나와 동행을 하면서 나를 친구 삼으셨네
우리 서로 받은 그 기쁨은 알 사람이 없도다

고난과 위로

God will make a way

'네가 물 가운데로 지나갈 때에 내가 함께할 것이라'

006 나의 가는 길

세계적인 찬양 인도자 돈 모엔은 어느 날 밤, 다급히 걸려온 전화를 받게 되었다. 아내의 여동생 수잔 부부가 교통사고를 당했다는 소식이었다. 휴가 여행 중이던 그 가족이 대형트럭과 충돌해 사고가 난 것이었다. 그 차에는 여동생 부부와 4명의 어린아이들이 타고 있었는데 8살 난 조카 제레미가 그 자리에서 즉사했고, 나머지 아이들도 크게 다쳤다. 이 소식을 접한 돈 모엔 부부는 하늘이 무너지는 것 같았다. 무슨 말로 이들을 위로해야 할지 알

수 없었다. 신실한 신앙인으로서 살아온 수잔 부부에게 이번 사고가 얼마나 납득하기 힘든 시련일지 생각하자 가슴이 아파왔다.

바로 다음 날 급한 일정으로 비행기를 타고 다른 도시로 떠나야 했던 돈 모엔은 비행기 안에서 이 가정을 생각하며 기도하기 시작했다. "주님, 제가 어떤 말로도 이들의 슬픔을 위로할 수가 없습니다. 주님의 위로를 이 가정에 부어 주시고 주님의 뜻을 이 가정에 알려 주십시오…." 기도를 하던 그의 마음에 이사야 43장의 성경 말씀이 떠올랐다. 알 수 없는 길, 다닐 수 없는 길에서도 두려워 말고 하나님께서 어떻게 광야에 길을 만드시고 사막에 강 물을 내실지 보라는 말씀이었다. 그는 이 말씀을 한참 동안 묵상했고 떠오 르는 가사를 적어 찬양곡을 만들었다. 그 곡은 수잔 부부를 비롯해 알 수 없 는 시련과 고난을 만난 사람들을 위한 찬양이었다.

나의 가는 길 주님 인도하시네
그는 보이지 않아도 날 위해 일하시네
주 나의 인도자 항상 함께하시네
사랑과 힘 베푸시며 인도하시네 인도하시네

광야에 길을 만드시고 날 인도해

사막에 강 만드신 것 보라

하늘과 땅 변해도 주의 말씀 영원히

내 삶 속에 새 일을 행하리

그는 이 곡을 수잔 부부에게 들려주며 하나님의 위로를 전했고 그 후 가는 곳마다 이 찬양을 부르며 사람들에게 이렇게 말했다.

"하나님께서는 우리가 알 수 없는 방법으로 일하십니다. 그분은 우리가 이해하지 못하는 방법으로 일하고 계십니다. 우리들 중에는 이 가족과 같은 일 같은 시련을 겪은 사람이 있을지도 모릅니다. 우리는 때로 이런 어려움을 당하면 하나님께서 자신을 잊으셨다고 생각합니다. 제가 이 시간 이 찬양과 함께 들려드리고 싶은 말은 하나님께서 여러분을 그분의 손바닥에 새기셨다는 것입니다(참고 사 49:16). 그리고 그분은 길이 보이지 않는 곳에 길을 내시는 분이시라는 것입니다. 하나님은 오늘도 우리에게 이렇게 말씀하십니다. '네가 물 가운데로 지날 때에 내가 너와 함께할 것이라 강을 건널

때에 물이 너를 침몰하지 못할 것이며 네가 불 가운데로 지날 때에 타지도 아니할 것이요 불꽃이 너를 사르지도 못하리니(사 43:2).'"

After Story

세계적인 찬양 인도자 돈 모엔(Don Moen)은 원래 바이올린 전공자였다. 탁월한 연주 실력을 인정받으며 대학에 장학생으로 입학했지만 바이올린에 회의를 느끼고 진로를 고민하던 그는 하나님을 향한 반항처럼 벌목 회사에 들어가 불도저를 운전하며 지냈다. 하지만 음악을 통해 자신을 부르시는 하나님의 뜻을 부정할 수 없었고 그는 다시 바이올린 장학생으로 대학교에 들어갔다. 방황하던 바이올린 전공자 돈 모엔은 그 이후 각종 악기를 다루며 여러 곳의 찬양 선교단을 섬기던 중 자신이 찬양 인도를 통해 하나님을 전하고 예배하는 것이 소명임을 깨닫게 되었다. 소명을 깨달은 그는 연주할 수 있는 모든 악기와 목소리로 하나님을 찬양하며 행복한 찬양 인도자로 살고 있다.

나의 가는 길 주님 인도하시네
God will make a way

작사 • 작곡 : 돈 모엔

나의 가는 길 주님 인도하시네
그는 보이지 않아도 날 위해 일하시네
주 나의 인도자 항상 함께하시네
사랑과 힘 베푸시며 인도하시네
인도하시네

광야에 길을 만드시고 날 인도해
사막에 강 만드신 것 보라
하늘과 땅 변해도 주의 말씀 영원히
내 삶 속에 새 일을 행하리

나의 가는 길 주님 인도하시네
그는 보이지 않아도 날 위해 일하시네
주 나의 인도자 항상 함께하시네
사랑과 힘 베푸시며 인도하시네
인도하시네

sweet scented gospel song story

선택과 결단

하나님을 선택한 무명 가수의 선택

007 주 예수보다 더 귀한 것은 없네

1909년 조지 베버리 쉐어는 캐나다 온타리오에서 가난한 목사의 아들로 태어났다. 조지는 어릴 적부터 아름다운 목소리로 찬양을 즐겨 불렀다. 그의 목소리에는 특별한 매력이 있었다. 부드럽고 깊이 있는 그의 바리톤의 음성은 듣는 이들의 마음에 큰 감동을 주었다.

조지는 대학에 진학해서 음악을 더 배우고 싶었지만, 가난 때문에 학업을 중단하고 일을 할 수밖에 없었다. 하지만 찬양을 할 때마다 삶이 회복되고 치유되는 것을 체험했기 때문에 보험회사에 취직해 일하면서도 찬양을 멈추지 않았다. 그는 더 많은 사람들에게 찬양의 기쁨과 은혜를 나누고 싶어 찬양할 수 있는 자리라면 어디든 달려가 기쁨으로 섬기곤 했다.

그러던 어느 날, 조지는 라디오 공개방송에서 노래할 수 있는 기회를 얻게 되었다. 그의 황금 같은 바리톤 음성은 미국 전역에 울려 퍼졌고 방송을 듣는 모든 이를 깜짝 놀라게 했다. 방송이 나간 후 조지는 집중적인 조명을 받았다. 여러 방송사로부터 끊임없이 계약 제의가 들어왔고, 그들은 이십 대의 젊은 청년 조지에게 돈과 명예를 약속하는 매력적인 제안들을 내밀었다. 그러면서 방송국은 무명 가수인 조지에게 한 가지 조건을 내걸었다. 찬양이 아닌 대중가요 가수로서 노래를 불러 달라는 것이었다. 공교롭게도 같은 시기에 친구인 빌리 그래함이 조지에게 전도 집회의 비전을 나누며 복음을 전하는 이 집회에서 찬양으로 함께 섬겨 달라고 부탁해 왔다.

조지는 고민에 빠졌다. 그동안 가난 때문에 하고 싶은 공부도 중단해야 했던 시간들을 생각하면 이제 마음껏 세상에서 부와 명예를 취하고 싶었지만 어느 곳에 가든지 하나님께서 주신 목소리로 찬양을 하겠다고 약속했던 그의 오랜 고백이 떠올랐기 때문이었다.

아무리 여러 곳을 다니며 찬양을 해도 무명 가수에 불과했던 지난 시간을 떠올리면 기적 같은 이 기회를 잡아 유명해진 후에 하나님의 일을 하는 것도 멋지지 않을까 하는 생각이 들었다. 하지만 여러 가지를 계산하고 생각할수록 그의 마음은 더욱 복잡해질 뿐이었다.

이러한 고민 속에 맞이한 주일 아침, 조지는 어머니가 피아노 위에 올려놓은 시 한 편을 보게 되었다. 시와 찬양을 좋아하던 어머니는 좋은 시구를 만나면 언제나 먼저 아들의 피아노 위에 올려 두어 함께 나누기를 좋아했다. 그날 아침도 무심코 집어 읽은 어머니의 쪽지는 조지의 영혼을 전율케 했다.

주 예수보다 더 귀한 것은 없네 이 세상 부귀와 바꿀 수 없네

영 죽을 내 대신 돌아가신 그 놀라운 사랑 잊지 못해

세상 즐거움 다 버리고 세상 자랑 다 버렸네

주 예수보다 더 귀한 것은 없네 예수밖에는 없네

쉐어는 피아노 앞에 앉아 물이 흐르듯 떠오른 곡조를 붙여 노래하기 시작했다. 가사 한 줄 한 줄은 그의 전심을 담은 고백이 되었고, 지난밤까지 잠

못 이루며 고민하던 일들은 그에게 더 이상 문제되지 않았다.

조지는 그날 이 곡을 아버지가 목회하시던 교회의 예배 시간에 온 회중과 함께 눈물로 찬양했다. 그리고 집으로 돌아와 방송국에 제안을 거절하는 의사를 전달하고, 친구 빌리 그래함 목사와 동역하며 평생 찬양으로 섬기는 길을 선택했다.

고지식하고 편협한 신앙인의 결정이라는 핀잔과 우려도 있었지만 그는 더 이상 이 결정에 대해 변명도, 설명도 하지 않았다. 그가 올려 드린 내면의 고백과 선택은 주님만이 아시면 된다는 생각으로 이전보다 더 깊고 힘 있는 목소리로 찬양의 자리에 담대히 나아갈 뿐이었다.

After Story ♪♫♪

조지 베버리 쉐어(George Beverly Shea, 1909~)와 빌리 그래함 목사의 전도 집회는 역사에 남을 만큼 가는 곳마다 성황을 이루며 많은 이들에게 복음을 전했다. 놀랍게도 조지 베버리 쉐어는 찬양으로써 1965년에 유명 가수들도 평생 타기 힘들다는 미국의 레코드 대상인 그래미상을 수상했다. 미

국의 한 공영 방송국에서는 그의 인생을 "기적의 삶"(The Wonder of It All)
이라는 제목의 특별 프로그램으로 만들기도 했다. 그러나 그는 알고 있었
다. 이 모든 것이 그의 고백과 결단을 기쁨으로 받으신 하나님의 선물임을.

1983년 네덜란드 암스테르담에서 "주 예수보다 더 귀한 것은 없네"를 부
르자 수많은 사람들이 환호하며 일어나 박수를 멈추지 않았다. 그때 그가
남긴 한마디는 주위의 모든 사람을 숙연케 했다.

"감사합니다. 하지만 나는 여러분이 주신 박수갈채와 그리스도를 바
꾸지 않겠습니다."

조지 베버리 쉐어는 90세가 넘어서도 찬양을 멈추지 않았다. 지금도 그는
목소리가 나오는 한 어디서든 하나님께 찬양 드리기를 기뻐하며 은혜로운
여생을 살아가고 있다.

주 예수보다 더 귀한 것은 없네

I'd rather have Jesus

작사: 뤼 밀러 / 작곡: 조지 베버리 쉐어

주 예수 보다 더 귀한 것은 없네 이 세상 부귀와 바꿀 수 없네
영 죽을 내 대신 돌아가신 그 놀라운 사랑 잊지 못해

주 예수 보다 더 귀한 것은 없네 이 세상 명예와 바꿀 수 없네
이전에 즐기던 세상일도 주 사랑하는 맘 뺏지 못해

주 예수 보다 더 귀한 것은 없네 이 세상 행복과 바꿀 수 없네
유혹과 핍박이 몰려와도 주 섬기는 내 맘 변치 못해

후렴)
세상 즐거움 다 버리고 세상 자랑 다 버렸네
주 예수 보다 더 귀한 것은 없네 예수 밖에는 없네

007 주 예수보다 더 귀한 것은 없네 53

병상에서 예수 이름의 능력을 체험한 고백

008 슬픈 마음 있는 사람

리디아 백스터 여사는 1809년 9월 8일 뉴욕 주 피터스버그에서 태어났다.
침례교회의 에번 터커 목사의 설교를 듣고 회심한 그녀는 결혼한 후에도 남
편과 함께 열심히 교회를 섬겼다.

백스터 여사는 몸이 약해서 일생을 병마와 싸워야 했다. 그러나 병상에서
도 늘 밝게 빛나는 얼굴과 긍정적인 성품은 사람들에게 영적인 감동을 주었
다. 친구들은 그녀를 사랑했고 그녀의 집에는 방문객들의 발길이 하루도 그

치지 않았다.

명랑하고 낙천적인 백스터 여사를 보며 한 친구는 "우리가 너희 집에 찾아오는 이유는 병상에 있는 너를 격려하고 즐겁게 하기보다 우리 자신이 격려받고 기쁨을 얻기 위해서인 것 같아"라고 고백할 정도였다.

주변 사람들은 그녀가 어떻게 병의 고통을 이기고 견고한 믿음 생활을 하는지 궁금해 했다. 하루는 누군가 그녀에게 물어 왔다. "당신은 병상에서도 어쩜 그렇게 명랑할 수 있죠? 특별한 비결이라도 있나요?" 그러자 그녀는 웃으며 대답했다. "저에게는 특별한 무기가 있어요. 특별한 갑옷이죠. 바로 예수님의 이름이에요. 저는 사단이 우울한 생각들을 몰고 와 낙심하게 할 때면 예수님의 이름을 불러요. 그러면 사단은 더 이상 나오지 못하고 물러가거든요. 고통 때문에 잠을 이루지 못하는 밤에도 예수님의 이름을 부르며 평안을 달라고 기도하면 곧 평안히 잠이 들곤 해요. 이게 제가 병을 이기는 특별한 비결이죠."

리디아 백스터 여사는 자신을 찾아온 수많은 사람들이 동일한 고민과 염려로 평안을 누리지 못하는 것을 보며 안타까운 마음이 들었다. 특히 믿음의 사람들이 정작 예수 이름의 능력을 체험하지 못한 채 살아가고 있다는 사실에 가슴이 아팠다. 그래서 그녀는 성경을 통해 깨닫고, 자신이 체험한 예수 그리스도의 권세와 능력을 시로 써 내려갔다. 그 시는 그녀가 일생을 병마와 싸우며 예수 이름의 능력으로 누리게 된 은혜와 승리의 간증이기도 했다. 1870년 이렇게 쓰인 시가 하워드 돈(W. Howard Doane)이 곡을 붙인 찬송가 "슬픈 마음 있는 사람"이다.

After Story

리디아 백스터 여사(Lydia Baxter, 1809~1874)는 병상에서 성경을 통해 예수님의 이름의 의미와 권능을 깊이 이해하고 자신의 집을 방문하는 친구들과 신학생들에게 전하며 가르쳤다. 찬송시 "슬픈 마음 있는 사람"으로 주위 사람들에게 위로와 소망을 전한 그녀는 1872년, 천국을 사모하는 찬송시 "구주 예수 그리스도"를 썼고 그로부터 2년 후 그녀의 찬송시처럼 아름다운 본향 천국으로 부름을 받았다.

향기

슬픈 마음 있는 사람
Precious name

작사: 리디아 백스터 / 작곡: 하워드 돈

슬픈 마음 있는 사람 예수 이름 믿으면
영원토록 변함없는 기쁜 마음 얻으리

거룩하신 주의 이름 너의 방패 삼아라
환난 시험 당할때에 주께 기도 드려라

존귀하신 주의 이름 우리 기쁨 되도다
주의 품에 안길때에 기뻐 찬송 부르리

우리 갈 길 다 간 후에 보좌 앞에 나아가
왕의 왕께 경배하며 면류관을 드리리

(후렴)
예수의 이름은 세상의 소망이요
예수의 이름은 천국의 기쁨일세

선택과 결단

 The Old Rugged Cross

갈보리 십자가의 은혜를 체험한 목사의 찬송

009 갈보리 산 위에

조지 버나드 목사는 미국에서 가난한 광부의 아들로 태어났다. 마을에서 열린 구세군의 전도 집회를 통해 어렸을 때 예수님을 믿게 된 그는 복음을 전하는 목사가 되겠다는 꿈을 품고 기도하기 시작했다. 그러나 열여섯 살이 되던 해, 탄광 사고로 갑작스럽게 아버지를 잃게 된 그는 슬픔을 추스를 겨를도 없이 가족의 생계를 책임지기 위해 학업을 중단하고 일을 해야 했다.

종일 고된 일을 마치고 집으로 돌아오면 온몸이 녹초가 되어 있었지만 그는 어린 시절의 꿈을 기억하며 늦은 밤까지 책을 놓지 않았다. 가난하고 절망적인 상황에서 매 순간 자신을 일으켜 주시던 하나님을 경험할수록 목사가 되려는 꿈은 그의 가슴을 두근거리게 했다.

독학으로 어렵게 공부를 한 그는 남들보다 뒤늦게 목사가 되었지만 곧 미시간 주와 뉴욕에서 부흥 집회를 인도하며 지역 부흥에 영향력을 끼쳤다. 그의 강렬하고 깊이 있는 메시지가 가는 곳마다 사람들의 마음을 일으켰기 때문이다.

곳곳에서 설교 요청을 받아 바쁜 스케줄에 따라 움직이던 조지 버나드 목사는 문득 십자가의 의미와 십자가에 대한 자신의 체험을 생각하게 되었다. 그리고 자신이 수많은 사람들에게 전하고 있는 십자가와 부활의 능력을 진정으로 깨닫고 있는지 깊이 고뇌하기 시작했다. 이러한 생각은 그에게 지금까지 경험하지 못한 괴로움을 가져왔다.

지금까지 그는 누구보다 십자가의 고통을 가장 깊이 알고 있다고 생각해왔다. 어린 시절부터 가족을 부양하며 겪었던 가난과 무거운 책임감, 좌절감과 외로움…. 이런 열악한 상황 가운데서도 끝까지 예수님을 붙들었고 목사가 된 이후에도 누구보다 열정적으로 주를 위해 헌신했다고 자부했었다.

그러나 십자가의 은혜는 세상의 어떤 경험으로도 설명할 수 없음을 깨닫게 되었다. 오히려 자신이 믿어 왔던 경험들이 십자가의 은혜를 체험하는 데 장애가 될 수 있음도 깨닫게 되었다. 하지만 지금까지 자신을 지탱해 왔던 지식과 경험을 내려놓기란 쉽지 않은 일이었다.

그는 엎드려 기도할 수밖에 없었다. 지금까지 깨닫지 못한 십자가의 은혜를 알고 싶고 누리고 싶어 아이처럼 울며 기도했다. 그렇게 며칠 동안 벽에 걸린 십자가를 바라보며 간절히 기도를 하던 그는 한 환상을 보게 되었다. 십자가에서 자신을 내려다보고 계신 예수님의 모습이었다. 십자가에 달린 예수님은 못에 찢긴 손과 발, 채찍 자국으로 성한 곳 없이 패인 온몸에서 붉은 피를 하염없이 쏟으며 그를 바라보고 계셨다. 그 눈빛은 마치 "아들아, 너를 위함이란다. 너를 사랑하기 때문이란다"라며 말로 다 표현할 수 없는 축복을 담은 듯했다. 그리고 그 예수님의 몸에서 흘러내린 피는 그의 머리를 타고 내려와 온몸을 흠뻑 적셨다.

그 순간, 조지 버나드 목사는 뜨거운 눈물과 땀에 젖어 눈을 떴다. 그리고 그의 입술에서 하나님을 향한 찬양이 터져 나오기 시작했다. 이 감사의 고백과 결단의 기도는 이내 찬송의 시로 바뀌었고 한 곡의 찬송곡으로 완성되었다.

갈보리 산 위에 십자가 섰으니 주가 고난을 당한 표라

험한 십자가를 내가 사랑함은 주가 보혈을 흘림일세

최후 승리를 얻기까지 주의 십자가 사랑하리

빛난 면류관 받기까지 험한 십자가 붙들겠네

그날 밤, 조지 버나드 목사는 동역자들에게 기타 연주로 이 찬송가를 들려

주었다. 그들은 놀라운 감동에 사로잡혀 이 곡을 다른 모임들과 교회에서 나

누게 되었고 얼마 지나지 않아 이 찬송가는 미국 전역에 퍼져 나갔다.

십자가의 은혜를 깨닫는 데 그치지 않고 그 은혜를 입고 십자가의 길을 걸으며, 최후 승리와 천국의 소망까지 선포하는 이 찬송가는 지금도 부르는 모든 이에게 영적인 도전을 주고 있다.

After Story

조지 버나드(George Bennard, 1873~1958) 목사가 1913년 작사, 작곡한 찬송 "갈보리 산 위에"는 지금도 전 세계 크리스천들이 가장 많이 애창하는 찬송가이다.

오하이오 주의 한 라디오 방송국에서 조사한 결과, 종교음악 부문을 넘어 일반 부문과 비교했을 때에도 1위의 인기곡은 바로 이 곡이었다.

그는 40여 년을 목회와 전도에 헌신하며 찬송시 작시에도 힘써 300편 이상의 찬송시를 남겼고 노년에는 미시건 주의 작은 시에서 조용히 85세의 생애를 마쳤다.

갈보리 산 위에
The Old Rugged Cross

작사 • 작곡 : 조지 버나드

갈보리 산 위에 십자가 섰으니 주가 고난을 당한 표라
험한 십자가를 내가 사랑함은 주가 보혈을 흘림일세

멸시함을 받은 주의 십자가에 나의 마음이 끌리도다
귀한 어린양이 영광 다 버리고 험한 십자가 지셨도다

험한 십자가에 주가 흘린 피를 믿는 맘으로 바라보니
나를 용서하고 내 죄 사하시려 주가 흘리신 보혈일세

주가 예비하신 나의 본향 집에 나를 부르실 그 날까지
험한 십자가를 항상 달게 지고 내가 죽도록 충성하리

후렴)
최후 승리를 얻기까지 주의 십자가 사랑하리
빛난 면류관 받기까지 험한 십자가 붙들겠네

Nearer, My God, to Thee

죽음을 앞둔 여배우의 믿음의 찬송

010 내 주를 가까이 하게 함은

1805년 영국에서 태어난 사라 풀러 아담즈는 아름다운 여배우였다. 정치가인 아버지 벤자민 풀러의 둘째 딸로 태어난 그녀는 빼어난 미모로 무대에서 주목을 받으며 명성을 누렸다.

1834년에는 그녀는 논객이자 철도회사 엔지니어인 윌리엄 아담스와 결혼해서 행복한 가정도 이루었고 기독교적인 극시를 써서 극작가로서도 성공을 이루었다. 그러나 그녀에게 폐결핵이라는 질병이 찾아오면서 시련은 시작되었다.

어렸을 때 병으로 어머니를 여의고 하나뿐인 언니가 폐결핵으로 고통스러워하는 모습을 가까이에서 보아 왔던 터라 그녀는 투병 생활이 두려워지기 시작했다. 무엇보다 괴로운 건 무대에 설 수 없는 현실이었다. 어디를 가든지 시선을 한 몸에 받으며 사람들에게 둘러싸여 교제를 즐기던 시간도 꿈처럼 사라져 버렸다. 하루하루 병색이 짙어지는 자신의 얼굴을 보는 것은 견디기 힘든 고통이었다. 모든 것을 다 가진 듯 행복했던 지난 시간들은 기억할수록 상처만 가져다줄 뿐이었다.

절망 속에 암울하게 지내던 날, 그녀는 한 출판사에서 시를 써 달라는 요청을 받았다. 하지만 그녀는 복잡한 심경으로 인해 단 한 줄도 쓸 수 없었다. 착잡한 마음으로 성경을 펼치고 어렸을 때부터 읽어 왔던 창세기 부분을 습관처럼 읽어 가던 그녀의 눈에 점점 말씀 한 구절 한 구절이 살아 있는 이야기로 들어오기 시작했다.

야곱이 분노한 형을 피해 집을 떠나 들판에 유숙하는 장면에서는 야곱의 심정까지도 가슴으로 절절히 느껴졌다. 하나님이 주시는 복을 얻기 위해 욕심껏 날개를 펼친 순간 그 날개가 꺾여 버린 것 같은 심정. 품은 꿈은 간데없고 도망자 신세로 전락해서 절망과 두려움에 쫓기는 현실. 그녀는 마치 자신의 이야기를 읽는 것같이 성경에 빠져들었다. 깊은 밤, 돌베개를 베고 지쳐 잠든 야곱의 꿈속에서 변치 않는 축복을 약속하신 하나님의 메시지는 그녀 자신을 향하고 있었다.

"내가 너와 함께 있어 네가 어디로 가든지 너를 지키며 너를 이끌어 이 땅으로 돌아오게 할지라 내가 네게 허락한 것을 다 이루기까지 너를 떠나지 아니하리라"(창 28:15).

육신의 아름다움을 가꾸며 더 주목받기 위해 경쟁하고 무대 위에 섰던 시간들, 내 힘껏 노력해서 하나님이 주시는 축복을 누리겠다고 야망을 펼치던 시간들….

육신이 무너지면 매몰차게 사라져 버리는 세상의 꿈과 그 어느 것에 비할 수 없는 하나님의 축복이 말씀을 읽는 그녀의 마음속에서 옥석처럼 구별되었다. 그리고 자신을 향한 하나님의 꿈은 어떤 상황에서도 변함없이 이루어짐을 깨닫게 되었다. 그제야 죽음에 대한 두려움과 절망에 사로잡혀 있던 영혼이 살아나는 것 같았다. 잠에서 깨어 두렵고 떨리는 마음으로 하나님께 예배를 드린 야곱과 같은 심정으로 그녀는 이러한 깨달음을 시로 써 내려갔다.

그녀의 육신은 병으로 인해 쇠잔해졌지만 영혼은 그 어느 때보다 충만한 기쁨과 은혜로 견고하게 세워졌다. 이렇게 쓰여진 시에 로웰 메이슨(Lowell Mason)이 1856년에 곡을 붙여 완성한 노래가 "내 주를 가까이하게 함은"이다.

사라 풀러 아담즈(Sarah Fuller Adams, 1805~1848)는 병상에서 성경을 묵상하며 지속적으로 찬송시를 써 나갔다. 그리고 이 시를 쓴지 7년 후에 43세의 나이로 세상을 떠났다.

이 찬송가는 유명한 일화를 많이 남겼다.

실화를 바탕으로 만들어진 영화 〈타이타닉〉에서 세계 최대의 호화 여객선 '타이타닉'호가 사고로 침몰할 때, 이 배의 오케스트라단 8명이 연주하기 시작해 배가 물속으로 자취를 감출 때까지 모든 사람이 함께 목메어 부르던 찬송가로 알려져 있으며(실제 불린 찬송가는 다른 곡이라는 설도 있다.) 또한 미국 존스타운 홍수 때 수백 명이 물속에 잠겨 수장되면서도 사람들이 죽음의 문턱에서 이 찬송을 부르며 용기를 잃지 않도록 독려한 찬송이기도 하다. 또한 미국의 25대 대통령인 윌리엄 맥켄리가 총에 맞아 병상에서 숨지기 직전에 부른 찬송으로도 유명하다.

내 주를 가까이 하게 함은
Nearer, My God, to Thee

작사 : 사라 풀러 아담즈 / 작곡 : 로웰 메이슨

내 주를 가까이 하게함은 십자가 짐 같은 고생이나

내 인생 소원은 늘 찬송하면서 주께 더 나가기 원합니다

내 고생하는 것 옛 야곱이 돌 베개 베고 잠 같습니다

꿈에도 소원이 늘 찬송하면서 주께 더 나가기 원합니다

천성에 가는 길 험하여도 생명 길 되나니 은혜로다

천사 날 부르니 늘 찬송하면서 주께 더 나가기 원합니다

야곱이 잠 깨어 일어난 후 돌단을 쌓은 것 본받아서

숨질 때 되도록 늘 찬송하면서 주께 더 나가기 원합니다

"예수님! 당신만을 갈망합니다"
찬양 인도자 마티 나이스트롬의 고백

011 목마른 사슴

마티 나이스트롬은 1980~1990년대의 대표적인 예배 인도자이자 인테그리티 음반사의 스태프로 활약한 탁월한 작곡가이다. 오랄 로버츠 대학에서 음악 교육을 전공한 후 학교에서 평범한 교사로 아이들을 가르쳤던 그가 유명해진 계기는 1981년, 인생의 전환점에서 작사, 작곡한 찬양곡 '목마른 사슴' 때문이었다.

그해 여름, 마티는 방학 기간에 텍사스 주 달라스에 있는 CFNI(Christ for

the Nations Institute)의 기독교 훈련 프로그램에 참여하기 위해 등록했다. 갑작스런 항공사의 파업으로 비행기 표를 구할 수 없었지만 마티는 망설이지도 않고 3일을 거쳐 가야 하는 기차표를 사서 달라스로 향했다. 학교 교사로서 황금 같은 여름방학 기간에 영성 훈련을 받겠다고 자원한 모습은 거룩하고 비장해 보였지만 실제 그의 상황은 달랐다.

당시 마티는 주일마다 교회에서 찬양을 하며 예배를 섬기고 있었다. 그런데 언제부턴가 그의 마음에는 하나님을 찬양하고자 하는 순수한 동기보다 사람을 의식하는 태도가 자리 잡기 시작했다. 사람들의 인정과 주목을 받을수록 마티는 자신의 약한 모습을 보이지 않으려 노력하게 되었다. 이 불편한 의식은 좋아하던 여자에게서 실연의 상처를 받았을 때조차 나타났다. 하지만 상처를 덮어 두고 감추려 할수록 혼란스러운 마음 상태는 쉽게 정리되지 않았다. 이런 모습을 사람들에게 보이는 게 싫어 도피하듯 선택한 것이 이번 달라스의 일정이었던 것이다.

그러나 낯선 지역으로 떠나왔어도 마티의 마음은 정리되지 않았다. 오히려 7월의 찌는 듯한 텍사스의 무더위가 모든 것을 무기력하고 지치게 할 뿐이었다. 그런 마티를 향해 룸메이트는 금식 기도를 하며 하나님께 집중하는 게 어떻겠냐고 권했다. 금식까지 하며 기도에만 매달렸던 적은 한 번도 없었지만 피할 길 없이 마음이 괴로웠던 마티는 20일간의 금식을 결정했다.

마티에게 이 금식의 기간은 단순히 음식뿐만 아니라 모든 말과 행동까지도 절제하는 시간이었다. 금식을 한 지 열흘이 넘어가자 허기로 지친 그의 몸에 유일하게 기력을 주는 것은 수도꼭지에서 쏟아지는 물이었다. 시냇가에 달려온 목마른 사슴처럼 온 힘을 다해 물을 마시는 자신의 모습을 보며 마티는 육신보다 내면 깊은 곳의 목마름을 깨닫기 시작했다. 그리고 이 깨달음 속에 사람의 주목과 인정보다 하나님의 마음을 알고 싶고 하나님과 교제하고 싶은 마음이 점점 더 커져 갔다.

금식 19일째 되던 날, 마티는 남자 기숙사에 있는 낡은 피아노 앞에 홀로 앉아 시편 42편을 묵상하며 조용히 예배를 드리고 있었다.

"하나님이여 사슴이 시냇물을 찾기에 갈급함같이 내 영혼이 주를 찾기에 갈급하니이다" 말씀 구절을 읽는 마티의 가슴에 멜로디가 떠올랐고 마티의 손끝은 낡은 피아노 건반을 누르기 시작했다. 하나님을 향해 몇 번이고 이 곡을 반복해 부르면서 마티의 입술에서는 이러한 고백이 흘러나왔다.

"주님만이 나의 힘 나의 방패 나의 참 소망
온 맘과 정성 다 바쳐서 주님 경배합니다."

이 찬양을 들은 친구들은 마티에게 그들이 참가하고 있던 CFNI의 찬양 인도자에게 찬양을 나눠 달라고 요청했고 그날 이후 CFNI의 모든 사람들이 이 찬양을 부르게 되었다.

그해 여름이 지나고 1982년, 마티의 찬양곡 "목마른 사슴"은 음반에 수록되어 세상에 나왔다. 그리고 이 곡의 사용을 허락해 달라는 요청이 사방에서 쇄도할 정도로 주목을 받았다. 하지만 이러한 주목 앞에서 마티의 태도는 이전과 달랐다. 오히려 하나님께서 부어 주신 마음을 잃을까 겸손한 태도로 찬양을 하며 이런 고백을 나눌 뿐이었다.

"그해 여름의 경험은 지금의 제가 있기 위한 준비 과정이라고 생각합니다. 그래서 '내가 이 곡을 썼다'라고 생각하지 않습니다. 사람들의 인정을 받기 위한 욕망은 매 순간 찾아오죠. 그때마다 나는 '예수님, 당신만을 갈망합니다'라고 고백했던 그해 여름으로 다시 돌아가죠."

After Story

세계적인 작곡가이자 찬양 인도자가 된 마티 나이스트롬(Marty Nystrom)은 그 후에도 "주께 와 엎드려 경배 드립니다"(I will come and bow down), "선하신 목자 날 사랑하는 분"(Shepherd of my soul) 등 80여 곡을 더 작곡했다. 이제 그는 사람들의 인정을 받고자 했던 집착에서 벗어나 하나님을 주목하고 사모하는 예배 인도자로서 젊은 세대들을 하나님께 인도하고 있다.

목마른 사슴
As the deer

작사 • 작곡 : 마티 나이스트롬

목마른 사슴 시냇물을 찾아 헤매이듯이
내 영혼 주를 찾기에 갈급하나이다

금 보다 귀한 나의 주님 내게 만족주신 주
당신만이 나의 기쁨 또한 나의 참 보배

주님만이 나의 힘 나의 방패 나의 참소망
나의 정성 다 바쳐서 주님 경배합니다

동성애의 혼란에서 벗어난 찬양 인도자의 고백

012 약할 때 강함 되시네

데니스 저니건은 어린 시절부터 교회를 다니며 성장했다. 이십 대가 될 때까지도 교회 안에서 만나는 사람들과의 관계나 크리스천 문화는 너무나 자연스러운 것이었다. 물론 크고 작은 일들 속에서 부딪치는 감정적인 문제와 사건도 있었지만 금세 회복되는 일일 뿐이었다.

그런데 청년으로 성장한 그에게 누구에게도 말할 수 없는 문제가 있었다. 바로 동성애 문제였다. 그에게 밀려온 성 정체성의 혼란은 인간으로서 가지는 근본적인 정체성까지 뒤흔들고 있었지만 동성애에 대해 기독교가 얼마나 단호한 태도를 취하고 있는지 어려서부터 잘 알고 있던 터라 누구에게도 말조차 꺼낼 수 없었다.

내면의 갈등이 심할수록 그는 교회를 섬기는 일에 더욱 집중하고자 했다. 이 문제를 들키지 않기 위해 더 열심히 모든 활동에 참여하기도 했다. 하지만 그럴수록 혼란은 더욱 심해졌다. 아무렇지 않은 듯 크게 웃으며 사사로운 이야기를 나누는 자신이 점점 이방인처럼 느껴졌다.

그러나 이러한 갈등을 털어놓을 용기가 나지 않았다. 창조주 하나님의 섭리를 거스르는 행위로 손가락질 당하고 판단받을까 두려워 도움을 청할 수도 없었다. 두려움은 의심과 불안을 가져왔고 그로 인해 교회 안에서의 모든 관계가 가식적으로 느껴졌다. 누구도 그에게 관심을 갖지 않는 듯했고, 그가 처한 문제를 알아주는 사람도 없었다.

이러한 혼란 속에 죄책감과 원망이 깊어지자 데니스는 교회를 떠나고 싶은 마음까지 들었다. 동성애 문제를 개인의 특성 가운데 하나로 여기며 동성애자들을 사회적 소수로서 인정해 주는 사회 분위기와는 달리, 성경 말씀에 근거해 동성애에 대해 엄격히 금하는 태도를 고수하는 교회가 고리타분

하고 폐쇄적으로 느껴졌기 때문이다. 세상에서는 이제 대수롭지 않게 포용되는 이 문제가 자신이 교회 안에 있다는 이유로 괴롭게 느껴지는 것이라는 생각이 들어 억울하기도 했다. 그러자 교회 안에 있다는 사실이 더 상처가 되었고 데니스가 느끼는 외로움과 혼란은 그를 밑바닥까지 몰고 갔다.

그런데도 그가 교회를 떠날 수 없는 한 가지 이유가 있었다. 그것은 지금까지 자신이 믿고 찬양해 온 '하나님'이었다. 천지를 창조하시고 자신을 지으신 하나님이 정말 살아 계시다면 이 문제에 대한 해답도 하나님께 있으리라는 생각이 들었다. 그는 지금까지 그럴듯한 모습으로 포장했던 신앙의 태도를 벗어 버리고 절박한 마음으로 하나님 앞에 아이처럼 단순하고 솔직한 기도를 쏟아 냈다. 그리고 누구에게도 말하지 못하고 감추기 급급했던 아픔과 문제를 정직하게 일기장에 써 나가며 하나님께 묻기 시작했다. 망가지고 상한 마음으로 하나님께 나온 그에게 하나님은 잠잠히 말씀하셨다.

"너의 하나님 여호와가 너의 가운데에 계시니 그는 구원을 베푸실 전능자이시라 그가 너로 말미암아 기쁨을 이기지 못하시며 너를 잠잠히 사랑하시며 너로 말미암아 즐거이 부르며 기뻐하시리라 하리라"(습 3:17)

그 어떤 대답보다 하나님은 데니스를 향한 사랑의 메시지를 전하셨고 오랫동안 방황하고 괴로워했던 그의 마음을 만지셨다. 창조주의 손길은 데니스의 내면에 그가 누구인지, 어떻게 창조되었는지, 얼마나 존귀한 존재인지를 일깨워 주었다. 하나님은 그의 삶에서 무너지고 어그러졌던 창조 질서를 회복시켜 주셨다. 그리고 그동안 죄책감으로 눌려 있던 마음을 예수 그리스도의 보혈로 씻어 자유롭게 해주셨다.

예수님의 십자가는 데니스 자신의 죄와 연약함을 미리 아시고 어둠과 절망에서 구하기 위해 오래전부터 예비 되어 있었던 것만 같았다. 많은 사람들 속에 있어도 홀로 내버려진 것같이 외로웠던 시간, 거듭해 왔던 혼란과 방황의 시간은 오랫동안 교회에 다니며 누구보다 열심히 하나님을 믿는 듯했지만 복음의 가치를 깨닫지 못했던 자신의 무지 때문임을 알게 되었다.

인간의 연약함과 죄 된 본성을 절절히 느끼면서 데니스는 자신의 삶과 영혼이 온전히 회복되어 감을 체험했다. 그리고 1981년, 이 십자가의 진리는 동성애와의 치열한 싸움과 혼란 속에서 데니스를 구해 냈다. 그리고 이 진리는 무엇과도 바꿀 수 없는 그의 전부가 되었다.

이 시련을 극복한 후 찬양 인도자로 활동하면서 교회 안에 예전의 자신처럼 특별한 문제를 감춘 채 고민하고 방황하는 사람들이 많음을 깨닫게 되었다. 지난날 동성애를 극복했던 자신의 과거에 대해 말하는 데는 큰 용기가 필요했지만 폭력과 이혼, 동성애와 중독, 자살 등 황폐한 삶에서 벗어나지 못하는 사람들의 치유와 회복을 위해 그는 자신의 지난 삶을 간증하고 찬양으로 나누기 시작했다. 1989년, 그가 쓴 "약할 때 강함 되시네"는 이러한 그의 마음을 담은 간증의 노래다. 이 찬양은 곧 어두운 죄와 혼란을 감춘 채 방황하는 크리스천들에게 큰 힘을 주었고, 이 찬양이 불리는 곳곳마다 놀라운 치유와 회복을 일으키며 수많은 간증을 낳고 있다.

After Story

데니스 저니건(Dennis Jernigan)은 미국에서 찬양 인도자로 활발히 활동하며 사랑하는 아내와 함께 9명의 자녀를 둔 행복한 아버지로 살고 있다.

"예수님은 내가 그분을 알기 위해 거쳐야 하는 싸움을 할 만한 가치가 있는 분입니다. 그분은 내 존재의 근원이십니다. 내 삶의 근원이시며, 내 자유의 근원이십니다. 그리고 그분은 내 모든 것의 근원이십니다.

네, 그분은 나의 모든 것입니다." - 데니스 저니건 -

약할 때 강함 되시네
You are my all in all

작사 • 작곡 : 데니스 저니건

약할 때 강함 되시네
나의 보배가 되신 주
주 나의 모든 것
주 안에 있는 보물은
나는 포기 할 수 없네
주 나의 모든 것
예수 어린양 존귀한 이름
예수 어린양 존귀한 이름

십자가 죄 사하셨네
주님의 이름 찬양해
주 나의 모든 것
쓰러진 나를 세우고
나의 빈 잔을 채우네
주 나의 모든 것
예수 어린양 존귀한 이름
예수 어린양 존귀한 이름

sweet scented gospel song story

약속과 기다림

Lead Kindly Light

"아직 하나님께서 나를 통해 하실 일이 남아 있습니다"
존 헨리 뉴먼의 찬송시

013 내 갈 길 멀고 밤은 깊은데

영국의 가톨릭 신학자이자 추기경이었던 존 헨리 뉴먼은 영국 종교사에서

재능 있고 상상력이 풍부한 인물 중 한 사람이다. 1801년 영국 런던의 중산

층 가정에서 6남매 중 장남으로 태어난 그를 아버지는 유명한 법률가로 키우

고 싶어 했다. 하지만 그가 열다섯 살이 되던 해, 아버지의 사업이 위기를 맞

으며 가정은 어려움에 처했고 존 헨리 뉴먼은 그 해에 깊은 신앙의 체험을 하

며 성직자의 길을 걷기로 결단했다.

젊은 시절부터 온 열정을 다해 사역하던 그는 1833년 급기야 심각하게 몸이 약해져 시실리아로 요양을 떠나게 되었다. 그러나 오랜 과로로 쇠약해진 그는 타지에서 열병까지 얻어 한 달 가까운 시간 동안 생사를 오가며 침상에 누워 있어야 했다. '이렇게 하나님께서 나를 데리고 가시는 것인가….' 깊은 병중에 그는 죽음을 묵상하며 지난 시간을 되돌아봤다. 젊음의 열정은 있었으나 실수와 연약함이 더 많았던 순간순간이 떠올랐고 아직 하나님의 사랑을 전하지 못한 수많은 사람들의 얼굴이 떠올라 수척해진 눈에서 회개의 눈물이 쏟아져 나왔다. 그때 곁에서 그를 간호하던 이탈리아 사람이 이제 가망이 없으니 유서를 남기는 것이 어떻겠냐고 조심스럽게 조언했다. 그러자 존 헨리 뉴먼은 그동안 병상에서 하나님께서 떠올리셨던 일들을 기억하며 담담하게 말했다.

"나는 아직 죽지 않습니다. 하나님은 내가 영국에서 아직 더 해야 할 일을 계획하고 계시지요. 이 열병은 늘 마음이 완고하고 교만했던 나를 징계하시는 것이니 이제 곧 괜찮아질 것입니다."

그리고 며칠 후 존 헨리 뉴먼은 죽음의 고비를 넘기고 병상에서 일어날 기력을 회복했다. 움직일 만한 기운을 되찾자 그는 급히 영국으로 가기 위해 짐을 꾸렸다. 그러나 섬을 떠나는 배가 없어서 다시 발이 묶이고 말았다. 몇 주가 지난 후에야 프랑스로 가는 과일 운반선이 있다는 소식을 듣고 서둘러 항구로 나가 그 배를 탔다. 그런데 이번에는 섬을 출발한 배가 바람 한 점 불지 않아 지중해 한가운데서 꼼짝할 수 없게 되었다.

일주일이 넘도록 망망대해 위에 기약 없이 떠 있는 배를 탄 존 헨리 뉴먼은 인생의 막다른 골목에 처한 것 같았다. 며칠 째 잠을 이루지 못하고 뒤척이던 그는 바닷바람을 쐬기 위해 한밤중에 갑판 위로 나왔다. 끝도 깊이도 알 수 없는 검은 바다가 무겁게 출렁이는 모습을 바라보자 마음이 더욱 아득해졌다. 질병에 지친 몸을 일으켜 다시 한 번 부르심에 대한 열정을 품고 고국을 향하는 그의 의지도 무겁게 가라앉는 것 같았다. 그때, 검은 바다 위에서 반짝이는 빛이 존 헨리 뉴먼의 눈을 사로잡았다. 그 어디에서도 빛을 찾아볼 수 없는 어둠에 수놓인 그 빛은 하늘 위에 떠 있는 별이었다. 하늘을 올려다보는 순간, 그의 마음도 환하게 밝아졌다.

'그래! 빛은 내 힘으로 밝힐 수 있는 것이 아니라 하나님께로부터 오는 것이 아닌가!' 그는 캄캄한 밤을 밝히는 별빛처럼 하나님께서 걸음마다 앞길을 비춰 주시고 인도해 주시리라는 소망과 확신이 들었다. 이날 밤, 영국에서의 사명을 생각하며 존 헨리 뉴먼이 눈물로 쓴 시가 찬송가 "내 갈 길 멀고 밤은 깊은데"이다.

내 갈 길 멀고 밤은 깊은데 빛 되신 주
저 본향 집을 향해 가는 길 비추소서
내 가는 길 다 알지 못하나
한걸음씩 늘 인도하소서

이국땅에서 육신의 질병을 이긴 후, 고향에 대한 그리움과 부르심을 향한 열정을 품고 고국을 향하는 길. 뜨거운 마음과는 달리 예측하지 못한 상황으로 그 길이 아득하고 멀어질 때, 지중해 위에 멈춰 버린 배 위에서 밤하늘에 빛나는 별을 보며, 하나님의 인도하심을 구한 시. 존 헨리 뉴먼(John

Henry Newman, 1801~1890)이 망망대해 위에서 쓴 간절한 기도의 시는 하늘에 닿았고 그는 무사히 영국에 돌아왔다. 그리고 영국에 돌아온 존 헨리 뉴먼은 하나님께서 주신 소명과 동행하심을 기억하며 한평생 부르심을 따라 살다가 1890년 하늘나라로 떠났다.

내 갈 길 멀고 밤은 깊은데
Lead Kindly Light

작사 : 존 헨리 뉴먼 / 작곡 : 존 디키즈

내 갈 길 멀고 밤은 깊은데 빛 되신 주
저 본향집을 향해 가는 길 비추소서
내 가는 길 다 알지 못하나
한걸음씩 늘 인도하소서

이전에 방탕하게 지낼 때 교만하여
맘대로 고집하던 이 죄인 사하소서
내 지은 죄 다 기억 마시고
주 뜻대로 늘 주장하소서

이전에 나를 인도하신 주 장래에도
내 앞에 험산준령 당할 때 도우소서
밤 지나고 저 밝은 아침에
기쁨으로 내 주를 만나리
아멘

약속과 기다림

일제시대, 핍박 속에 찢겨진 교회를 향한 노래
전영택 목사의 고백

014 어서 돌아오오

복음 안에서 따뜻한 인간애를 문학작품으로 표현한 작가, 추호(秋湖)·
늘봄이라는 호로 우리에게 잘 알려진 전영택 목사는 1894년 평양 사창골에
서 태어났다. 청년시절, 일본의 통치하에 있던 조선의 아픔은 그에게도 큰
고통과 혼란을 주었다. 일본 유학 시절에 문학과 신학을 전공한 그는 동경
에서 유학생 독립운동을 하다가 귀국했고, 고국에 돌아온 후에도 가족과 함
께 많은 수난을 겪어야 했다. 1944년에는 교회에서 배일(排日) 설교를 하다

가 감옥에 수감되었고 출옥 후에는 설 자리조차 없었다. 더욱이 일제 말 최후의 저항과 전향의 갈림길에서 한국 교회는 이미 여러 갈래로 찢겨 나간 상태였다. 하지만 산 밑의 빈집에서 풀뿌리로 끼니를 때우면서도 그는 희망을 잃지 않았다. 그리고 한국 교회를 향해 이 역사의 상처가 오직 하나님의 손길로만 치유될 수 있음을 글로 쓰기 시작했다. 피 흘리며 찢겨진 교회를 향해 하나님의 마음으로 호소하며 쓴 시가 찬송가 "어서 돌아오오"의 찬양 가사이다.

어서 돌아오오. 어서 돌아만 오오
채찍 맞아 아파도 어루만져 위로해 주시는
우리 주의 넓은 품으로 어서 돌아오오

이 시는 박재훈 목사가 곡을 붙여 찬송가가 되었고, 이 찬송은 낙망하고 무너진 교회들을 일으키기 시작했다. 당시 반기독교 일본 제국주의자들은 이렇게 말했다. "지금 조선에서 희망을 잃지 않은 유일한 사람들은 바로 기독교인들이다."

그리고 이 찬양의 가사를 쓴 지 1년 후, 전영택 목사는 간절히 소망하던 고국의 해방을 보게 되었다. 늘봄 전영택 목사, 이제 그는 이 땅에 없지만 그가 하나님의 마음으로 쓴 찬양의 가사는 오늘도 깊은 어둠 속에 있는 교회와 영혼을 깨우고 있다.

어서 돌아오오

작사 : 전영택 / 작곡 : 박재훈

어서 돌아오오 어서 돌아만 오오
지은 죄가 아무리 무겁고 크기로
주 어찌 못 담당하고 못 받으시리요
우리 주의 넓은 가슴은 하늘보다 넓고 넓어

어서 돌아오오 어서 돌아만 오오
주는 날마다 기다리신다오
밤마다 문 열어 놓고 마음 졸이시며
나간 자식 돌아오기만 밤새 기다리신다오

어서 돌아오오 어서 돌아만 오오
채찍 맞아 아파도 주님의 손으로
때리시고 어루만져 위로해 주시는
우리 주의 넓은 품으로 어서 돌아오오 어서

약속과 기다림

Shout to the Lord

긴 기다림의 끝, 신뢰의 찬송
세계적인 여성 예배인도자 달린 첵의 고백

015 내 구주 예수님 주 같은 분은 없네

여성 예배 인도자 달린 첵은 힐송 뮤직을 세계적인 음반사로 자리매김

하게 한 주인공이다. 그녀는 20여 년 동안 찬양 인도로 힐송교회(Hillsong

Church)를 섬겨 왔으며 전 세계에서 가장 영향력 있는 예배 인도자로 인정

받고 있지만, 처음부터 주목받는 예배 인도자였던 것은 아니다.

열다섯 살의 청소년기 시절, 달린 첵은 하나님께 자신의 삶을 드리기로

결단했다. 그리고 하나님을 위해 자신의 음악적인 재능을 사용하고 싶어 찬

양팀에 들어갔다. 하지만 찬양팀에서 달린 첵은 그저 찬양을 좋아하는 아이 정도로 여겨질 뿐이었다. 뒤에서 잔일을 도우며 보이지 않는 곳에서 섬기는 그녀를 누구 하나 알아주는 사람이 없었고, 그녀의 수고는 당연한 것처럼 여겨졌다. 지치고 자존심 상하는 일도 많았지만 그때마다 그녀는 이 시간을 허락하신 하나님의 뜻을 알기 위해 기도했다. 언제가 될지는 알 수 없었지만 하나님께서 찬양을 통해 자신을 쓰실 것이라는 확신이 있었기 때문이다.

샌드위치를 만들거나 잔 심부름을 하는 등 찬양팀의 온갖 자질구레한 일들을 도우며 이름 없는 사역자로 십여 년을 섬긴 달린 첵은 결혼한 후에도 자녀를 키우면서 대부분의 시간을 교회의 자원봉사자로 활동했다. 그러나 생활을 위해서는 방송국에서 광고나 배경음악 등을 노래하며 돈을 벌어야 했다. 교회를 섬기는 일과 생계를 위한 일자리를 분주히 오갔지만 경제적인 어려움은 시간이 지날수록 점점 그녀를 조여 왔다.

언제까지 이런 생활을 계속 해야 할까…. 몸도 마음도 지쳐 가자 달린 첵은 자신을 향한 하나님의 계획을 의심하기도 했다. 어린 시절부터 하나님께 인생을 드리기로 약속하고 남들과 다른 삶을 살아왔지만 갈수록 초라해지기만 할 뿐, 어느 것 하나도 제대로 하지 못한 것 같아 괴로운 마음만 커졌다. 이 깊은 좌절감은 누구에게도 토로할 수 없었다. 막막하고 답답한 심정으로 그녀는 성경을 펼쳐 시편을 읽기 시작했다. 한 구절 한 구절 읽어 내려가는 시편 속에서, 죽음과 절망의 골짜기를 오가면서도 끝까지 하나님을 신뢰하고 찬양한 시편 저자의 노랫소리가 그녀의 영혼을 깨우고 있었다. "아멘… 아멘." 어느새 달린은 성경 위로 눈물을 떨어뜨리며 구절구절을 아멘으로 화답했다. 복잡하고 어두웠던 머릿속은 비 개인 하늘처럼 말갛게 개어 있었다. 절망과 근심으로 눌리고 위축되었던 마음이 간데없이 사라지자 뛸 듯한 기쁨과 자유로 심장이 요동치는 것 같았다. 이 마음을 어떻게든 하나님께 표현하고 싶었던 달린 첵은 돈이 없어 조율도 하지 못한 낡은 피아노 앞에 앉아 마음속에 떠오르는 노래를 연주하기 시작했다. 힘 있고 아름다운 멜로디가 그녀의 손끝에서 흘러나왔다. 시편의 노래와 같은 찬송 시가 내면 깊은 곳에서 고백되었다.

내 구주 예수님 주 같은 분은 없네
내 평생에 찬양하리 놀라운 주의 사랑을
위로자 되시며 피난처 되신 주님

향기

나의 영혼 온 마음 다해 주를 경배합니다

온 땅이여 주님께 외쳐라

능력과 위엄의 왕 되신 주

산과 바다 소리쳐 주의 이름을 높이리

주 행한 일 기뻐 노래하며

영원히 주님을 찬양하리라

신실하신 주의 약속 나 받았네

며칠 후, 그녀는 이 곡을 찬양팀 모임에서 떨리는 마음으로 불렀다. 이 찬양은 곧바로 교회의 예배 때 불리게 되었고 주변의 교회들로 퍼져 나가기 시작했다. 이 곡이 바로 그녀가 섬기던 힐송교회의 힐송뮤직을 세계적인 음반사로 주목받게 한 찬양곡 "내 구주 예수님"이다.

그 후 달린 첵이 함께하는 힐송 뮤직(Hillsong Music, Australia)은 미국의 인테그리티, 영국의 킹스웨이 등과 함께 전 세계의 예배 음악을 주도하는 큰 흐름을 만들고 있다.

달린 첵(Darlene Zschech)은 세계적인 여성 예배 인도자일 뿐만 아니라 탁월한 설교자이며 작곡가이다. 하나님은 찬양에 뛰어난 재능을 가진 그녀를 오랜 시간 이름도 없이 보이지 않는 곳에서 섬기게 하셨고 그 시간 동안 오직 하나님만을 위한 예배자로 훈련시키셨다. 이 훈련의 시간은 달린 첵을 하나님 앞에 겸손히 엎드리는 예배자로 만들었고, 매 순간 화려한 음악과 실력보다 하나님의 임재를 구하는 예배자로 서게 했다.

"오늘날 우리가 드리는 예배의 수준은 엄청나게 향상되어 있습니다. 그런데 제가 사랑하는 한 친구가 했던 말을 기억합니다. '단지 훌륭한 연주자가 아니라 우리를 지성소로 인도해 줄 예배자를 찾을 수만 있다면, 나는 차라리 덜 세련되고 덜 멋있는 것을 택하겠습니다. 오직 예수님의 임재를 느끼는 것, 그것이 내가 갈망하는 것입니다.' 목회자이자 예배 인도자로서, 나는 이 마음을 계속 나누어야겠다는 책임감을 느낍니다. 그것은 오직 예수님만이 우리의 목적과 중심이 되어야 하며, 우리의 삶을 통해 기뻐하시고, 우리 예배를 통해 섬김 받으실 유일한 분이라는 사실입니다. 복잡할 것 없이 간단하게 말해 우리의 중심은 정결하고 명확하게 주님을 향해야 합니다."

– 달린 첵(Darlene Zschech) –

내 구주 예수님 주 같은 분은 없네
Shout to the Lord

작사 • 작곡 : 달린 첵

내 구주 예수님 주 같은 분은 없네

내 평생에 찬양하리 놀라운 주의 사랑을

위로자 되시며 피난처 되신 주님

나의 영혼 온 마음 다해 주를 경배합니다

온 땅이여 주님께 외쳐라

능력과 위엄의 왕 되신 주

산과 바다 소리쳐 주의 이름을 높이리

주 행한 일 기뻐 노래하며

영원히 주님을 찬양하리라

신실하신 주의 약속 나 받았네

약속과기다림

Seek Ye First

"주님, 제가 순종한 이 길이 정말 맞습니까?"
음악 선교사 캐런의 고백

016 먼저 그 나라와 의를 구하라

1971년 미국, 캐런은 기타를 둘러메고 하루 종일 음반사와 여러 교회를 다니며 이력서를 냈다. 하지만 한결같이 사람을 뽑지 않는다는 대답뿐, 시간 강사 자리 하나 얻지 못한 채 집으로 향해야 했다.

불과 얼마 전까지 그녀는 잘나가는 나이트클럽의 가수였다. 수입에 대한 걱정 없이 무대 위에서 노래를 부르던 그녀가 그 자리를 내던지고 나온 것은 신앙 안에서 내린 결단 때문이었다. 신학교에 들어가 음악적인 재능을 하나님의 일에 사용하겠다고 결심하고, 비장하게 이전 일들을 정리한 것이다. 그러나 이후 캐런의 상황은 순탄하지 않았다.

옳은 선택과 결정이라는 생각에는 변함이 없었지만 일자리가 쉽게 구해지지 않자 점점 마음이 무거워졌다. 기독교 음악 단체의 오디션에는 번번이 떨어졌고 작은 교회의 음악 사역조차 들어오지 않았다. 화려한 무대에서 내려온 그녀는 이제 하루하루 일자리를 찾으러 다니는 가난한 기타 강사일 뿐이었다. 그런 캐런을 보며 가족들과 친구들은 걱정스러운 눈길을 보냈고, 그때마다 캐런은 아무렇지 않은 척 더 밝게 웃으며 이렇게 말하곤 했다.

"걱정 마. 하나님께서 날 부르셨으니까 그분이 길을 열어 주실 거야."

하지만 사실 그녀도 이런 상황이 당황스러웠다. 극성스러운 결단으로 괜한 어려움을 초래한 것은 아닌지 순간순간 두려움이 밀려오기도 했다. 일자리를 알아보는 동안 은행 잔고는 점점 바닥을 드러냈고 청구서는 하루하루 쌓여 갔다. 앞으로의 일이 막막해지자 하나님에 대한 서운함이 밀려왔다. '하나님 때문에 직업도 버리고 이 길을 선택한 건데 왜 하나님은 길을 열어 주지 않으시는 걸까?' 이런저런 생각에 잠겨 후회와 실망스러운 마음까지 들자 캐런은 집으로 가던 걸음을 돌려 교회로 향했다. 이 문제에 대한 해답을 하나님께 듣고 싶어서였다. 그날 밤 교회에서는 성경 공부 모임이 열리고 있었다. 종일 몸과 마음이 지친 캐런도 사람들 사이에 앉아 성경책을 펼쳤다. 공부할 성경 본문은 마태복음 6장이었다.

"…그러므로 염려하여 이르기를 무엇을 먹을까 무엇을 마실까 무엇을 입을까 하지 말라 이는 다 이방인들이 구하는 것이라 너희 하늘 아버지께서 이 모든 것이 너희에게 있어야 할 줄을 아시느니라 그런즉 너희는 먼저 그의 나라와 그의 의를 구하라 그리하면 이 모든 것을 너희에게 더하시리라"
(마 6:31~33)

성경을 읽어 내려가던 캐런의 눈에서 굵은 눈물이 떨어졌다. 캐런은 하나님께서 이 성경 말씀을 통해 그녀가 믿음으로 결정하고 가는 길을 축복하시며 삶의 염려와 필요를 채우시고 해결해 주실 거라는 위로와 확신을 갖게 되었다.

캐런은 다시 한 번 돈을 많이 벌 수 있는 이전의 일자리보다 하나님의 부르심에 순종하겠다고 결정했다. 상황은 변한 게 없었지만 기쁨과 기대함으로 가슴이 벅차올랐다. 그리고 집으로 돌아온 캐런은 말씀을 묵상할 때 입가에 맴돌던 멜로디를 밤새워 찬양으로 완성했다. 이 곡이 복음성가의 고전이 된 "너희는 먼저 그의 나라와"이다.

이 곡을 지은 그날 이후, 캐런은 하나님께서 그녀의 인생을 책임지시고 인도하시는 놀라운 일을 체험하게 됐다. 찬양곡은 급속히 곳곳으로 퍼져 갔고 세계적인 찬양 앨범까지 수록되었다. 그리고 하나님은 이 일을 통해 캐런의 필요를 채워 주셨을 뿐 아니라 음악 선교사로서의 길을 열어 주셨다.

After Story

캐런 래퍼티(Karen Lafferty)가 작사, 작곡한 "너희는 먼저 그의 나라와"는 마태복음 6장의 성경 구절을 토대로 쓴 가사와 단순한 멜로디가 어우러진 복음성가이다. 하나님의 나라를 삶의 우선순위에 두고 믿음의 길을 걸을 때, 모든 필요를 채우시는 하나님의 손길을 체험을 한 그녀는 현재 음악 선교사로 활발히 활동하고 있다.

먼저 그 나라와 의를 구하라
Seek Ye First

작사 • 작곡 : 캐런 래퍼티

먼저 그 나라와 의를 구하라

그 나라와 그 의를

그리하면 이 모든 것을 너희에게 더하시리라

할렐루야 할렐루야 할렐루야 할렐루 할렐루야

구하라 그리하면 주실 것이요

찾으면 찾을 것이요

두드리라 문이 열릴 것이니

할렐루야 할렐루야 할렐루야 할렐루 할렐루야

I Love You, Lord

가난한 주부의 향기로운 고백

017 사랑해요 목소리 높여

1974년, 로리는 결혼 후 대학생인 남편을 따라 미국 오리건 주 외곽에 보금자리를 꾸렸다. 남편의 학교 근처로 가기 위해 가족들과 멀리 떨어져서 가정을 꾸린 로리 부부에게는 갓난아이도 있었다. 의지할 곳 없는 타지에서 아이를 키우며 가정을 이룬다는 것은 쉽지 않은 일이었다. 남편이 학교에 가고 나면 로리는 자동차 뒤에 붙은 이동식 주택에서 종일 갓난아이와 씨름하며 하루를 보내야 했다.

아이가 잠이라도 들면 멀리 있는 가족들의 목소리라도 듣고 싶어 전화기 앞에 달려갔지만 전화 요금 걱정에 슬그머니 수화기를 내려놓기 일쑤였다. 장거리 전화를 한 번 하는 것도 주저할 만큼 경제적으로 빠듯한 형편이었기 때문이다. 게다가 집이 위치한 지역에는 교회도, 친구도 없어 로리를 지치고 우울하게 만들기에 충분했다. 사랑하는 이들과 함께 드리던 예배가 한없이 그리워지자 그녀는 혼자서라도 예배를 드리겠다는 결심을 했다. 그리고 아이가 잠이 들면 성경책을 펼치고 예배를 드리기 시작했다. 혹여나 아이가 깰까 낮은 목소리로 성경을 읽고 찬양을 부르면서 하나님께 두런두런 이야기하듯 기도드리는 이 시간은 하루 중 가장 기다리는 시간이 되었다.

그러나 수시로 밀려오는 외로움과 무력감은 여전히 매 순간 로리가 싸워야 할 현실이었다. 좁은 창문 틈 사이로 들어온 햇살에 눈을 뜬 아침, 로리는 아직 잠에서 깨지 않은 아기를 바라보며 습관처럼 손을 뻗어 성경책을 집었다. 그런데 순간 파도처럼 밀려오는 공허함에 눈물이 핑 돌았다. 둘러보면 하루하루 근근이 살아가는 초라한 살림살이와 아이를 키우느라 꼼짝할 수 없는 자신뿐인데, 이렇게 드리는 예배를 하나님께서 받으실까 하는 생각마저 들었다.

한없이 초라해지고 가난해진 마음으로 로리는 무릎을 꿇고 기도하기 시작했다. 그동안 남편에게도 차마 말하지 못한 염려와 두려움, 외로움이 눈물과 함께 쏟아져 나왔다. 한참 동안 엎드려 기도하던 로리의 마음에 간절한 소망이 일어나기 시작했다.

"만일 하나님께서 제 목소리라도 기뻐 들으신다면… 그래서 주님이 즐겨 들으시는 노래를 가르쳐 주신다면… 제가 그 노래를 불러 드리겠어요."

그때, 로리의 입술에서 아이의 말문이 터지듯, 처음 듣는 찬양이 흘러나왔다.

사랑해요 목소리 높여

경배해요 내 영혼 기뻐

오 나의 왕 나의 목소리

주님 귀에 곱게 곱게 울리길

간결하고 아름다운 멜로디와 가사가 어우러진 이 찬양은 곧 비좁고 낡은 집을 가득 채웠고 로리의 마음 안에는 기쁨이 샘솟았다. 칠흑같이 어두운

터널의 끝에서 눈부신 빛을 마주한 듯한 로리의 마음은 어느새 세상 누구보다 부요해졌고 그녀가 부르는 찬양은 창밖으로 향기롭게 흘러 나가고 있었다. 로리는 알았다. 이 곡이 하나님께서 주신 선물임을, 그리고 하나님께서는 자신이 드린 이 예배를 세상의 어떤 예배보다 기쁘게 받아 주셨음을….

로리는 집으로 돌아온 남편에게 이 곡을 들려주었고 남편의 격려와 추천을 통해 지역 교회에 이 찬양을 나누게 되었다. 그 후 이 찬양은 급속도로 퍼져 나가 수많은 사람들의 삶에 회복을 일으켰고 음반으로 발매되어 지금도 세계 각국의 언어로 불리고 있다.

이 스토리의 주인공인 로리 클라인은 그 후 10년 동안 찬양 작곡가로 활동했고 지금도 찬양과 간증을 통해 하나님의 위로와 사랑을 전하고 있다.

"나는 이 곡을 통해 다른 이들의 삶 속에 주님이 행하신 이야기들을 들었어요. 구원과 육신의 치유에 대한 이야기였죠. 하지만 나에게는 이 곡에 대한 어떤 소유권도 없다고 생각해요. 이 곡은 이른 발렌타인 선물처럼 하나님께서 주셨거든요. 나는 그저 그 시간에 입을 열었고, 하나님께서 채우셨어요. 그리고 이 곡을 통해 제 삶을 인도하셨죠."

– 로리 클라인(Laurie Klein) –

사랑해요 목소리 높여
I Love You, Lord

작사 • 작곡 : 로리 클라인

사랑해요 목소리 높여

경배해요 내 영혼 기뻐

오 나의 왕 나의 목소리

주님 귀에 곱게 곱게 울리길

회개와 회심

노예선 선장의 회개의 고백

018 나 같은 죄인 살리신

1772년 영국의 벅스, 그날도 뉴턴 목사가 시무하는 올니 교회는 평소와 다름없이 평온했다. 중년의 뉴턴 목사는 서재에서 설교 준비를 마치고 아내가 가져다준 따뜻한 커피를 마셨고 향기로운 커피 향은 금세 서재를 아늑하게 채웠다. 커피 잔을 들고 손때 묻어 반질반질하게 닳은 성경책을 바라보던 뉴턴 목사는 문득 이런 평화가, 이런 은혜가 또 어디 있나 싶은 마음에 가슴이 뭉클해졌다.

20대 청년 시절 배를 타고 다니며 바다 위에서 보낸 방탕한 시간들이 머릿속에 필름처럼 스쳐 지나갔다. 젊은 시절에 그는 노예무역선의 선장이었다. 아프리카에서 흑인 노예들을 배로 수송하며 무자비하게 학대하고 사고팔았던 일이 죄인지도 몰랐던 그였다. 지워 버리고 싶을 만큼 괴롭고 추악한 기억이었다. 죽은 것만도 못한 죄인의 삶이었다. 그런 자신을 죄와 죽음 앞에서 건져 주신 것은 하나님의 은혜가 아니고서는 설명할 수 없는 일이었다. 뉴턴 목사는 서재 바닥에 엎드려 지난 시간들을 눈물로 회개하며 하나님의 은혜를 찬양하기 시작했다. 울먹이는 그의 입술은 하나님의 놀라운 은혜를 끝없이 반복해 찬양하고 있었다.

놀라운 주의 은혜!
그 소리 얼마나 아름다운지
나같이 비천한 사람을 구원하셨네
나 한때 길 잃었으나, 지금은 길을 찾았고
나 한때 눈멀었으나, 지금은 볼 수 있네

이날 쓰인 세계적인 찬송가 "나 같은 죄인 살리신"의 가사는 뉴턴 목사의 진심 어린 고백이었다. 존 뉴턴 목사는 1725년 영국의 런던에서 태어났다. 배의 선장이었던 아버지와 신실한 기독교인인 어머니 사이에서 태어난 그는 여섯 살에 어머니가 결핵으로 세상을 떠난 후 기숙학교에 들어가 공부하게 되었다. 하지만 몇 년이 채 못 되어서 아버지를 따라 배를 타기 시작했고 청소년기와 청년기를 거친 바다 위에서 보냈다.

당시 영국은 세계무역을 장악하며 식민지 경영 및 자유무역을 통해 막대한 부를 축적하고 있었다. 특히 유럽 식민지가 확장될수록 흑인 노예의 수요가 늘어나서 노예무역은 검은 황금이라고 부를 정도로 영국에 부를 가져다주었다. 아프리카에서 흑인들을 납치해 사고파는 노예무역의 수송은 배를 통해 이루어졌다. 배에 실은 흑인 노예들은 가축 이하의 취급을 당했고 수송선의 위생 상태는 심각할 정도로 열악해 목적지에 도착하기도 전에 수많은 흑인들이 간염, 탈수증, 영양실조 등으로 사망했다.

어린 시절 뉴턴과 그의 아버지도 노예무역이 활발하게 이루어지는 지중해 위에 있었다. 아버지는 뉴턴이 노예무역 상인이 되어 많은 돈을 벌기를 원했고 그는 아버지의 뜻대로 노예무역선의 선장이 되어 노예무역에 종사

했다. 어린 시절부터 노예무역의 현장을 보며 자란 뉴턴은 노예들이 학대와 죽음에 대한 죄책감도 없이 노예무역선을 탔다.

그러던 중 1748년, 그가 타고 있던 그레이하운드(Greyhound) 노예무역선이 뉴펀들랜드 해역을 지날 때였다. 엄청난 폭풍우가 몰아쳐 배가 좌초될 위기에 빠지고 말았다. 순식간에 배 안은 아수라장이 되었고 그대로 배는 침몰할 상황까지 이르렀다. 목숨이 경각에 달려 있을 때, 그는 처음으로 하나님을 찾으며 기도했다. 자신이 어렸을 적 기도하고 찬양하시던 어머니의 모습이 어렴풋이 기억나기는 했지만, 어머니가 돌아가신 후 거친 뱃사람들 사이에서 청년이 될 때까지 한 번도 기도한 적이 없었던 그였다.

"주여, 우리에게 자비를 베풀어 주십시오!" 간절한 기도가 폭풍우 앞에 엎드린 그의 입술에서 다급하게 터져 나왔다. 그리고 배는 기적적으로 사나운 폭풍우를 벗어나 무사히 항구에 도착했다.

마틴 목사는 이날을 '제2의 생일'로 기억하며 이 사건을 계기로 하나님을 믿기 시작했다. 그의 삶은 이전과는 달라졌다. 노예선을 타며 노예무역을 계속했지만 노예의 처우를 비약적으로 개선하고자 했다. 또한 그들이 인간적인 대우를 받도록 많은 노력을 기울이기도 했다.

그리고 7년 후, 그는 항해를 포기하고 신학을 공부해 목사가 되었다. 1772년 그가 노예선장 시절을 회개하며 작사한 찬송 "나 같은 죄인 살리신"은 그를 향한 하나님의 용서와 은혜뿐 아니라 영국의 노예무역을 반대하는 상징적인 찬송이 되었다. 존 뉴턴 목사는 이렇게 노예무역 반대 운동에 참여하며 18세기 영국의 신앙 각성 운동의 지도자로 앞장서 활동했다.

After Story

영국의 목사이자 찬송가 작사가인 존 뉴턴(John Newton, 1725~1807) 목사가 가는 곳마다 전했던 메시지는 처음부터 끝까지 '놀라운 주의 은혜(Amazing Grace)'였다. 그의 손끝에서 나오는 글도, 입술로 불리는 찬송도 모두 '놀라운 주의 은혜'(Amazing Grace), 즉 하나님을 향한 감격의 고백이었다. 정규교육을 제대로 받지 못하고 젊은 시절에 노예선을 타며 방탕하고 부도덕한 삶을 살던 그를 건지시고 용서하신 하나님의 은혜를 생각할 때, 그가 할 수 있는 말은 그것 뿐이었기 때문이다.

1772년 존 뉴턴 목사가 작사한 이 찬송은 1779년에 윌리엄 카우퍼와 함께 펴낸 올니 찬송가(Olney Hymns)에 수록되었고, 1807년 윌리엄 윌버포스를 비롯해 영국의 양심 있는 신앙인과 지도층들이 노예무역 금지법(Slave Trade Act 1807)을 의회에 통과하게 하는 데 힘을 실어 준 곡이 됐다. 그리고 이제는 세계에서 가장 유명한 찬송가일 뿐만 아니라 현존하는 음악 중에 국경과 종교를 초월해서 불리는 세계인들의 애창곡 중 하나가 되었다.

나 같은 죄인 살리신
Amazing Grace

작사 : 존 뉴턴

나 같은 죄인 살리신 주 은혜 놀라와
잃었던 생명 찾았고 광명을 얻었네

큰 죄악에서 건지신 주 은혜 고마워
나 처음 믿은 그 시간 귀하고 귀하다

이제껏 내가 산 것도 주님의 은혜라
또 나를 장차 본향에 인도해 주시리

거기서 우리 영원히 주님의 은혜로
해처럼 밝게 살면서 주 찬양하리라

호시와호심

What a Friend We Have in Jesus

사랑하는 연인을 잃은 한 남자의 회심곡

019 죄 짐 맡은 우리 구주

조셉 스크리븐은 1819년 아일랜드의 수도 더블린에서 태어났다. 부유한 가정에서 출생한 그는 평온한 성장 과정을 거쳐 신학대학을 졸업하고 교사가 되었다. 그에게는 대학 시절부터 교제해 온 아름다운 연인이 있었고, 두 사람은 약혼한 후 곧 있을 결혼을 준비하며 행복한 시간을 보냈다. 시냇가에 심은 나무가 시절을 좇아 과실을 맺듯 조셉의 삶은 때에 맞는 은혜와 축복 속에 흘러가고 있었다.

그런데 결혼식을 앞둔 전날, 끔찍한 사건이 일어났다. 약혼녀가 호수에서 사고로 익사한 것이다. 이 충격은 어린 시절부터 모범적이고 바르게 살아왔던 조셉을 바꾸어 놓았다. 사랑하는 연인의 갑작스런 죽음 앞에 그는 하나님과 세상을 향한 분노를 표출하며 어린아이처럼 반항하기 시작했다. 나날이 난폭해지며 만날 때마다 시비를 거는 조셉의 곁에서 친구들은 하나둘씩 떠나갔고 가족들도 더 이상 그를 말릴 수가 없었다. 하지만 고통으로 몸부림치며 방황할수록 누구보다 괴로운 건 조셉 자신이었다.

그는 고통의 시간 속에서 문득 평안하게 흘러왔던 과거에 자신이 고백하고 지켜 온 신앙을 떠올렸다. 그리고 절대 변하지 않을 것 같던 그 믿음의 고백들을 약혼녀의 죽음 앞에서 거침없이 내버리고, 야수처럼 돌변해 하나님을 향해 원망과 저주의 말을 쏟아 내는 현재의 자신을 바라보게 됐다. 고난으로 삶이 흔들리자 하나님을 향한 믿음까지 요동쳤던 자신이 한없이 약하고 부끄럽게 느껴졌다. '어떻게 하면 이 슬픔을 이겨 내고 변하지 않는 믿음으로 살아갈 수 있을까?' 밤을 새워 고민하던 조셉은 이전의 모든 삶을 정리하고 낯선 땅에서 새롭게 시작하기로 결심했다. 극단적이고 고집스러운 결정 같았지만 누구도 그의 의지를 꺾을 수가 없었다.

낯선 땅, 캐나다에 도착한 조셉은 하나님만을 의지하고 성경 말씀대로 실천하며 살기로 굳게 결심했다. 그는 먼저 전 재산을 가난한 사람들에게 모두 나누어 주었고 빈민가를 찾아다니며 집을 수리해 주었다. 보수도 없이 빈민가에서 목공 일로 섬기고, 길을 가다가 추위에 떨고 있는 사람을 만나면 겉옷까지 벗어 주는 조셉의 선행에 사람들은 괴짜 이방인이라며 수군거렸다. 하지만 그의 조건 없는 선행은 매일 계속되었다.

캐나다에서의 삶이 익숙해지고 안정될 무렵, 그에게 다시 사랑이 찾아왔다. 엘리자라는 이름의 젊은 여인이었다. 오랫동안 힘겹고 외로웠던 시간을 보상하는 선물과도 같은 그녀를 만나며 조셉은 행복했다. 하지만 기구하게도 엘리자 역시 결혼을 앞두고 폐렴으로 사망하고 말았다. 주위 사람들은 조셉을 '저주받은 사람'이라고 불렀다. 하지만 그는 예전처럼 분노하지도, 누구를 원망하지도 않았다. 사람들의 수군거림과 동정의 시선에도 그저 묵묵히 가난한 이들을 도우며 침묵할 뿐이었다.

다시 혼자가 된 그에게 고국에 있는 가족에게서 편지가 왔다. 어머니가 중병에 걸리셨다는 소식이었다. 고국으로 돌아갈 수도 없는 형편에서 이 소식은 극심한 슬픔과 근심으로 다시 그를 조여 왔다. 병든 어머니 곁을 지켜 드리지 못하는 죄송함으로 마음이 무거웠지만 오랫동안 기도를 한 후 용기를 내 어머니께 편지를 쓰기 시작했다. 자신의 상황을 전하고 어머니를 위로하는 내용이 담긴 편지에는 그의 진심 어린 마음이 담긴 한 편의 시도 동봉했다. 그 시는 그동안의 오랜 침묵을 깨뜨리는 간증이었다.

그는 시를 통해 어머니께 한 친구를 소개하고 있었다. 평안할 때나, 원망으로 울부짖을 때나 한결같이 그의 곁을 지켜 준 친구, 가족과 친구들 하나 없는 낯선 곳에서 홀로 지낼 때도 그의 곁을 지켜 준 친구, 그의 고난과 신음에 사람들이 수군거리며 떠나갈 때도 그의 모든 짐과 괴로움을 대신 맡아 주면서 피난처가 되어 준 친구…. 그 친구는 바로 예수 그리스도였다. 그러니 어떤 순간에도 낙심하지 말고 이 신실한 친구에게 모든 어려움과 근심을 기도로 아뢰면 참된 평안과 위로를 얻는다는 내용의 시였다.

이것은 조셉 자신의 깊은 간증이기도 했다. 고국에서 아들의 편지와 시를 읽은 어머니는 곧 병상에서 몸을 회복했고 이 시를 주위 사람들과 함께 나누어 읽었다. 신기하게도 '저주받은 사람'이라 불렸던 조셉의 시는 고난과 슬픔에 빠진 사람들을 일으키며 구원에 이르게 했다. 이후 캐나다에 있는 한 친구를 통해 이 시가 지역신문에 실리자 조셉은 행여나 하나님보다 자신의 이름이 드러날까 두려워하며 나서기를 거절했다. 이 시는 자신이 쓴 것이 아니라 하나님께서 연약한 자신과 함께 써 주신 것이라고 겸손히 고백할 뿐이었다. 그의 시를 읽은 사람들은 늘 혼자였던 조셉이 실은 그 누구보다도 예수님과 친밀한 교제를 통해 복을 누린 사람이었음을 깨닫게 됐다.

조셉 스크리븐(Joseph Medlicott Scriven, 1819~1886)이 어머니께 보낸 찬송시는 그의 친구를 통해 캐나다의 지역신문에 실렸고, 1868년 유명한 판사이며 작곡가인 찰스 컨버스(Charles C. Converse)가 이 시에 곡을 붙여 찬송가로 발표했다.

조셉은 이름도 없이 조용히 살다가 하나님 곁으로 가기를 소망한 사람이었다. 사람들은 그의 기구한 삶을 두고 '저주받은 사람', '괴짜 시인' 등 많은 말로 수군거렸지만 그는 묵묵히 예수님의 사랑을 실천하고자 가난한 이들을 도우며 여생을 보냈다. 변함없는 그의 태도와 헌신에 감동한 주위 사람들은 그가 세상을 떠난 후 '위대한 박애주의자'라고 부르며 그리워했다.

캐나다 온타리오 지역에는 지금도 그의 선행과 신앙을 기억하기 위해 세워진 시비(詩碑)가 자리하고 있다.

죄 짐 맡은 우리 구주
What a Friend We have in Jesus

작사 : 조셉 스크리븐 / 작곡 : 찰스 컨버스

죄 짐 맡은 우리 구주 어찌 좋은 친군지
걱정 근심 무거운 짐 우리 주께 맡기세
주께 고함 없는 고로 복을 얻지 못하네
사람들이 어찌하여 아뢸 줄을 모르까

시험 걱정 모든 괴롬 없는 사람 누군가
부질없이 낙심 말고 기도 드려 아뢰세
이런 진실하신 친구 찾아볼 수 있을까
우리 약함 아시오니 어찌 아니 아뢸까

근신 걱정 무거운 짐 아니 진 자 누군가
피난처는 우리 예수 주께 기도 드리세
세상 친구 멸시하고 너를 조롱하여도
예수 품에 안기어서 참된 위로 받겠네

호ㅐ와호ㅅ심

There shall be showers of blessing

한 팔을 잃은 퇴직 군인의 고백

020 빈 들에 마른풀 같이

다니엘 웹스터 휫틀은 1840년 미국 매사추세츠 주에서 태어났다. 아이를 낳은 모든 부모의 마음이 그렇듯 다니엘의 부모도 아들이 건강하게 자라기를 소망하며 새 생명을 기뻐 맞이했다. 그리고 장차 아들이 유명한 정치가인 '다니엘 웹스터'처럼 부와 명예를 가진 사람이 되기를 바라는 마음에 똑같은 이름을 지어 주었다.

하지만 부모의 기대와 달리 그의 인생은 평탄하지 않았다. 청년으로 성장

130 향기

한 후 은행에서 근무하던 중에 남북전쟁이 일어났고, 그는 곧 북군에 지원했다. 성실하고 진취적인 태도를 인정받아 소령까지 진급했지만 전투 중에 전쟁 포로가 된 그는 오른팔을 잃는 부상까지 당해 군인 병원에 입원하게 되었다.

부상병들의 신음 소리가 끊이지 않는 병실에서 망연자실한 채 누워 있는 그에게 하루는 간호사가 옆 침상에 있는 소년을 위해 기도해 달라고 부탁했다. 그 소년은 이미 죽음을 바로 앞둔 상태였다. 자신은 그럴 자격이 없는 사람이라고 손을 내저으며 거절했지만 죽어 가는 소년을 차마 그대로 보낼 수는 없다는 마음이 들어 더듬거리는 목소리로 자신의 죄를 회개한 후 소년을 위해 기도했다.

기도를 마쳤을 때 소년은 평안한 얼굴로 세상을 떠나 있었다. 소년을 바라보며 다니엘은 하나님께서 이 소년뿐만 아니라 자신을 위해 이런 상황을 주셨음을 깨닫고 그 자리에서 자신도 예수 그리스도를 구주로 영접했다.

하지만 주님을 위해서라면 무엇이든 하겠다는 뜨거운 고백은 한 팔이 잘려 나간 현실 앞에서 곧 사그라졌고, 제대 후에는 작은 시계 회사에 들어가 그때의 결단은 잊어버린 채 살아갔다.

그러던 중에 그는 한 부흥 집회에 참석했고 복음을 뜨겁게 선포하는 무디 목사의 설교를 듣게 되었다. 메마른 심령 위에 폭포수처럼 부어지는 은혜는 다니엘의 온몸을 전율케 했다. 그리고 이전에 하나님께 드렸던 고백을 기억하며 자신의 모든 삶을 이 복음을 전하는 데 드리겠다고 엎드려 기도했다.

세상의 부귀영화를 손에 쥐고도 빈 들의 마른풀 같은 삶을 살다 가는 사람들 속에서 복음의 단비를 경험한 그의 삶의 가치와 목적은 분명해졌다. 육신의 연약함도 더 이상 장애가 되지 않았다. 그 후 다니엘은 1873년 전도 대열에 뛰어들어 일생 동안 빈 들에 내리는 단비의 축복을 성도들과 함께 나누며 무디 목사와 함께 놀라운 부흥사가 되었다.

After Story

다니엘 웹스터 휘틀(Daniel Webster Whittle, 1840~1901)은 19세기 말 위대한 전도자 무디 선생과 같이 미국 전역을 누비며 부흥을 일으킨 부흥사이다.

그는 설교만큼이나 찬양이 중요함을 깨닫고, 1883년에 지어 이후 제임스 맥그라나한(James McGranahan)이 작곡한 "빈 들에 마른풀 같이", "아 하나님의 은혜로", "주의 진리 위해 십자가 군기" 등 200여 편이 넘는 찬송시를 통해 그의 설교 못지않은 영향력을 끼쳤다.

빈 들에 마른풀 같이
There shall be showers of blessing

작사 : 다니엘 웹스터 휫틀 / 작곡 : 제임스 맥그라나한

빈 들에 마른풀같이 시들은 나의 영혼
주님의 허락한 성령 간절히 기다리네

반가운 빗소리 들려 산천이 춤을 추네
봄비로 내리는 성령 내게도 주옵소서

철따라 우로를 내려 초목이 무성하니
갈급한 내 심령 위에 성령을 부으소서

참되신 사랑의 언약 어길 수 있사오랴
오늘의 흡족한 은혜 주실 줄 믿습니다

후렴)
가물어 메마른 땅에 단비를 내리시듯
성령의 단비를 부어 새 생명 주옵소서

호깨와호심

Singing I Go

병상에서 회심한 여교사의 고백

O21 주 안에 있는 나에게

1887년 봄, 오랜 병고에 지친 히윗 여사는 창문을 통해 들어오는 따듯한 햇살과 싱그러운 바람조차 귀찮기만 했다. 창밖에는 새들이 지저귀고, 봄볕에 피어나는 꽃나무도 한눈에 들어왔지만 그녀는 이 모든 것이 자신의 불행한 현실과 대조적인 것만 같아 더욱 괴로울 뿐이었다.

불과 몇 개월 전만 해도 그녀는 하루하루가 즐겁고 새로웠다. 교육대학을 수석으로 졸업한 그녀는 교사가 되어 열정적으로 학생들을 가르치며 불량 청소년들을 선도하는 데도 앞장서고 있었다. 그러던 지난겨울, 학교에서 문제아라고 포기한 한 학생과 상담 도중에 갑작스런 사고를 당하게 됐다. 학생이 갑자기 집어던진 물건에 맞아 그 충격으로 회생 불능의 척추 부상을 입고 만 것이다.

이 사건 이후, 병상에 누운 히윗 여사에겐 하루에도 수없이 오만가지의 생각이 교차했다. 학생을 향한 배신감보다 더 괴로운 것은 하나님을 향한 원망이었다. 교사로서 하루하루를 성실히 살아왔고 주일에는 교회에서 어린아이들에게 성경도 가르쳤던 자신에게 어떻게 이런 일이 생길 수 있는지 도무지 이해할 수가 없었다. 게다가 언제 끝날지 모르는 병상 생활에 대한 염려는 히윗 여사를 더욱 예민하게 만들었다.

하루는 그녀가 머물고 있는 병실에 청소부 흑인 여인이 들어왔다. 매일 아침 환자들의 병실을 돌며 청소를 돕는 그녀는 언제나 찬송을 부르고 있었다. 히윗 여사는 쉬지 않고 들려오는 그녀의 노랫소리에 퉁명스럽게 물었다.

"청소부 주제에 뭐가 그렇게 즐거워 찬송을 부르지?"

그러자 흑인 여인은 미소를 거두지 않고 대답했다.

"하나님께서 제 모든 형편을 아시고 돌보시니 즐거울 수밖에요. 제가 할 수 있는 게 뭐가 있나요? 그래서 찬양으로라도 하나님께 영광을 돌리려고요."

순간 히윗 여사는 할 말을 잃었다. 무지하고 가난한 청소부 여인의 고백 앞에 그저 얼굴이 붉어질 뿐이었다.

'맞아. 주님이 내 모든 형편을 아시고 돌보시는데 내가 무엇을 두려워하고 있지?'

그녀는 문득 지금까지 자신의 열정과 힘만 믿고 달려왔던 지난 시간을 되돌아보았다. 좋은 일을 한다고 자부해 왔지만 아이들을 가르치고 인도하는 데 하나님의 사랑과 인내보다는 자신의 열정과 지식대로 행할 때가 많았음을 깨닫게 되었다.

깊은 참회를 통해 하나님을 의지하기 시작한 히윗 여사는 비로소 무거운 짐을 벗은 듯한 자유를 느낄 수 있었다. 그리고 이 마음을 조금이라도 놓칠세라 얼른 펜을 찾아 하나님을 향한 신뢰의 고백을 시로 써 내려가기 시작했다. 후에 윌리엄 제임스 커크패트릭(William James Kirkpatrick)이 곡을 붙인 이 찬송시가 바로 "주 안에 있는 나에게"이다. 그 이후 히윗 여사의 삶은 이전과 비교할 수 없이 달라졌고 병실에서 누구보다 밝고 빛나는 얼굴로 찬송을 부르는 여인이 되었다.

엘리자 에드먼즈 히윗(Eliza Edumunds Hewitt, 1851~1920) 여사는 병상에 있는 동안 자신에게 시를 쓰는 재능이 있다는 것을 깨달았고, 병상에서 성경을 깊이 묵상하며 "내 영혼에 햇빛 비치니", "예수 더 알기 원하네", "너 예수께 조용히 나가" 등 여러 편의 아름다운 찬송시를 썼다.

척추 장애로 인해 교사직은 물러나야 했지만 어린아이들을 향한 그녀의 사랑은 퇴원 후에도 그치지 않았다. 특히 주일학교를 섬기던 그녀의 헌신적인 태도는 한 일화를 통해서도 잘 알 수 있는데, 다른 교회나 기관에서 설교 부탁을 받을 때면 그녀는 먼저 이런 조건을 내걸었다고 한다.

"제가 병중에 있거나 이 도시를 떠나 있을 때를 제외하고는 주일학교를 섬기는 일을 중단한 적이 없으니, 이 점을 고려해 초청해 주시면 기꺼이 응하겠습니다."

하나님의 사랑으로 수많은 아이들의 어머니가 된 히윗 여사는 평생 독신으로 살며 고아들과 주일학교 어린이들의 교육에 전념했다.

주 안에 있는 나에게
Singing I Go

작사 : 엘리자 에드먼드 히윗 / 작곡 : 윌리엄 제임스 커크패트릭

주 안에 있는 나에게 딴 근심 있으랴
십자가 밑에 나아가 내 짐을 풀었네

그 두려움이 변하여 내 기도 되었고
전날의 한숨 변하여 내 노래 되었네

내 주는 자비하셔서 늘 함께 계시고
내 궁핍함은 아시고 늘 채워 주시네

내 주와 맺은 언약은 영 불변하시니
그 나라 가기까지는 늘 보호하시네

후렴)
주님을 찬송하면서 할렐루야 할렐루야
내 앞길 멀고 험해도 나 주님만 따라가리

'마음의 중심을 드리는 예배'
찬양인도자 맷 레드만의 이야기

022 마음의 예배

영국의 찬양인도자인 맷 레드만은 침체되고 있던 영국의 젊은 크리스천
들에게 예배의 부흥을 체험하게 한 주인공이다. 십대 시절에 맷 레드만은
악보도 읽을 줄 모르는 소년이었다. 13살이 되던 해에 노래로 하나님을 경
배하고 싶다는 갈급함이 생긴 그는 기타를 배우기 시작했고, 집에서 혼자
있을 때에도 찬양을 할 수 있다는 사실에 만족했다. 그러던 중에 한 CCM 밴
드의 성경적이고 호소력 있는 가사의 노래를 들은 맷 레드만은 음악을 통해

서 예배를 드린다는 것이 어떤 것인지 깨닫게 되었고 그 후, 이전에는 생각
지도 못했던 예배 인도자의 길을 걷게 되었다.

이십대 초반의 맷 레드만은 교회를 섬기며 찬양을 인도했다. 탁월한 능력
의 연주자들과 좋은 악기로 찬양을 연주하며 예배를 섬겼지만 어느 순간부
터 그들의 연주와 찬양은 뭔가를 잃어버리고 있다는 느낌을 받았다. 그 때,
그 교회의 목사님이 맷 레드만에게 단호한 결정을 전했다. "앞으로 우리 예
배에서 밴드 없이 예배를 드리겠습니다." 충격적인 통보였지만 하나님께서
원하시는 게 무엇인지 물으며 기도하기 시작했다. 그리고 오랫동안 자신과
찬양팀이 의지해왔던 것들을 내려놓았다. 그러자 찬양을 하면서도 음악으
로서의 완성도에 주의를 기울이며 현장의 방송시스템과 악기의 연주에 신
경을 썼던 그들에게 탁월한 능력과 좋은 환경이 오히려 예배에 방해가 된다
는 것을 깨닫게 됐다.

맷 레드만과 찬양 팀은 모든 악기를 내려놓고 한동안 어쿠스틱 기타 하나
로 예배를 드리기 시작했다. 때로는 목소리로만 찬양을 하기도 했고 음악
자체를 없애고 예배를 드리기도 했다. 마음 중심으로 예배를 드리기 위해
그들은 어떤 악기와 시스템에도 의존하지 않고 하나님께서 주시는 말씀과

기도에 조용히 집중했다.

예배의 회복을 위한 간절한 마음이 일어나자 그동안 입술에서 나와 공중에 흩어져버리곤 했던 찬양들이 내면에 살아 숨 쉬듯 일어나기 시작했다. 찬양 한곡 한곡의 가사는 간절한 고백으로 하나님께 올려 졌고, 어느새 그들의 예배는 눈물과 땀에 젖어 하나님 한분만을 찬양하고 있었다.

세상의 모든 훌륭한 곡들이 내면의 중대한 순간을 통해 만들어 지듯, 맷 레드만과 찬양팀이 예배를 위해 모든 것을 내려놓은 이때 "마음의 예배 (The Heart of Worship)"라는 은혜로운 찬양곡이 세상에 나오게 되었고 이 곡을 통해 예배의 본질을 잊어버렸던 많은 예배인도자들과 찬양팀이 다시 예배의 중심으로 돌아오는 것을 체험하게 되었다.

"하나님은 우리 마음 깊은 곳을 살피고 계시죠. 이 곡은 이때 탄생되었고 우리는 다시 예배의 중심으로 돌아오는 것을 느낄 수 있었습니다."

After Story ♪♪♪

　세계적인 예배인도자가 된 맷 레드만(Matt Redman)은 강력한 메시지와 영을 울리는 찬양으로 오늘도 전 세계 크리스천과 예배를 드리고 있다. 한때 영적 침체기를 경험한 그는 이제 어느 곳에 가도 음악적이고 실질적인 이야기보다 마음의 중심을 먼저 이야기 한다. 모든 것이 갖춰져 있어도 마음이 없는 예배는 헛될 뿐이라는 것을 깊이 깨달았기 때문이다.

　"새로운 워십곡들이 쓰여지는 것은 좋은 발전이라고 생각해요. 하지만 그것이 주력이 되서는 안 된다는 것을 기억해야 합니다. 우리의 마음이 드려진다는 것이 중요하죠. 우리가 하나님께 우리의 중심을 드리고, 또 그것이 우리 삶 가운데 나오는 진정한 것이라면 우리는 조율이 안 된 백파이프로도 하나님을 찬양할 수 있습니다. 이것이 바로 하나님을 기쁘게 하는 워십이죠. 성전의 헌금궤에 몇 개의 동전을 바친 과부를 예수님은 지켜보셨어요. 세상은 이것을 보잘 것 없이 여기지만 이 과부는 자기의 전부를 드렸기 때문에 예수님은 그를 칭찬하셨죠. 우리는 이것을 배워야합니다. 사람은 겉모습을 보지만 하나님은 우리의 중심을 보시기 때문이죠…….

나는 빈 야드 교회의 설립자 존 웜버(John Wimber)의 말을 기억합니다. "이 시대에 우리가 겪는 시험은 새로운 곡을 쓰거나 그 곡을 연주할 때가 아니라 찬양을 하는 사람들, 즉 워십 인도자들이 거룩한 삶을 사는 것이다."

그의 메세지는 저에게 늘 도전을 주고 있죠. 그래서 저는 매주 항상 똑같은 모습의 습관적인 예배를 피하고 새로운 마음을 갖기 위해 어렵지만 늘 경건의 시간을 가지려고 합니다.

들어오는 것보다 나가는 것이 많으면 곤경에 처하거든요. 바쁘게 일하다 지쳐 예수님과 함께할 시간을 놓쳐버린 마르다보다는 예수님 발밑에 앉아 있던 마리아와 같이 되기 원해 항상 노력하고 있습니다."

- 맷 레드만(Matt Redman) -

마음의 예배
The heart of worship

작사 • 작곡 : 맷 레드먼

찬양의 열기 모두 끝나면
주 앞에 나아와 더욱 진실한 예배 드리네
주님을 향한 노래 이상의 노래
내 맘 깊은 곳에 주께서 원하신 것
화려한 음악보다 뜻없는 열정보다
중심을 원하시죠

영원하신 왕 표현치 못할 주님의 존귀
가난할 때도 연약할 때도
주 내 모든 것 노래 이상의 노래
내 맘 깊은 곳에 주께서 원하신 것
화려한 음악보다 뜻 없는 열정보다
중심을 원하시죠

후렴)
주님께 드릴 맘의 예배
주님을 위한 주님을 향한 노래
중심 잃은 예배 내려놓고
이제 나 들어와 주님만 예배해요

신뢰와 감사

"그럼에도 불구하고 주님은 우리의 선한 목자 되십니다"
믿음의 부부의 변치 않는 고백

023 주는 나를 기르시는 목자

장수철 선생은 평안남도 대동군에서 출생해 중앙신학교를 거쳐 일본 고등
음악학교를 나온 인재였다. 가난한 형편 때문에 피아노가 없었지만 머릿속
으로 화음을 생각해 작곡을 할 만큼 음악적인 소질이 탁월했던 그는 어렵게
미국으로 유학을 가 공부한 후 한국으로 돌아와 동요와 찬양 작곡에 전념하
며 찬송가 보급에 앞장섰다. 특히 연령에 상관없이 모든 성도가 애창하는 찬
송가 '주는 나를 기르시는 목자'는 그의 가족의 특별한 간증이 담긴 곡이다.

1950년 6월 25일, 한국전쟁으로 나라 전체가 두려움과 공포 속에 떨고 있었다. 수도인 서울은 폭격으로 인해 하루도 안전할 날이 없어 사람들은 황급히 피난길에 올랐다. 장수철 선생의 부부도 아이들과 함께 서둘러 집을 나섰다. 그런데 이들이 건너야 할 한강 다리는 이미 폭격으로 끊겨 있었다. 아이들을 끌어안고 강가에 선 장수철 선생 부부는 바짝 마른 입술로 기도할 수밖에 없었다. 이 절박한 상황에서 그의 마음에 문득 시편 23편 말씀이 떠올랐다. "내가 사망의 음침한 골짜기로 다닐지라도 해를 두려워하지 않을 것은 주께서 나와 함께하심이라"(시 23:4). 그리고 그는 멀리서 흘러 내려오는 조각배를 발견했다. 가족이 간신히 타고 강을 건널 수 있는 크기의 배였다. 그렇게 이 가족은 그 배를 타고 강을 건너 무사히 서울을 빠져나갈 수 있었다.

그 후 1954년, 휴전협정으로 전쟁이 중단되자 장수철 선생은 음악을 더 공부하기 위해 미국으로 유학을 가기로 결정했다. 가정 형편을 생각하면 꿈도 꿀 수 없는 일이었지만 기도를 할수록 뜨거워지는 마음을 아내와 함께 나누고 아내의 지지 속에 홀로 미국으로 향했다. 한국에 남은 아내는 삯바느질로 근근이 끼니를 때우며 아이들을 길렀고, 미국에 도착한 그는 공부와 일을 병행하며 하루하루를 바삐 보냈다. 그런데 한국에서 갑작스런 소식이 들려왔다. 열두 살 난 큰딸이 사망했다는 비보였다. 영양실조로 인한 심한 폐렴이 원인이었다. 딸의 죽음은 견디기 힘든 아픔이었다. 가난과 굶주림, 딸의 죽음…. 이러한 시련 속에서도 장수철 선생 부부가 하나님을 붙들고 끝까지 신뢰했던 말씀은 전쟁 중 피난길에서 떠올랐던 시편 23편 말씀이었다. 장수철 선생은 늘 자신의 가정을 지켜 주었던 그 시편 말씀을 떠올리며 곡을 썼고, 아내는 남편의 곡에 성경 말씀과 함께 주옥같은 가사를 덧붙였다.

주는 나를 기르시는 목자요

나는 주님의 귀한 어린 양

푸른 풀밭 맑은 시냇물 가로

나를 늘 인도하여 주신다

주는 나의 좋은 목자

나는 주의 어린 양

철을 따라 꼴을 먹여 주시니

내게 부족함 전혀 없어라

참담한 가난과 굶주림을 견디며 하나님만을 붙들고 걸어온 길 한복판에서 사랑하는 딸아이의 죽음을 맞은 장수철 선생 부부. 그럼에도 여전히 하나님은 선한 목자이시며 내게 부족함이 전혀 없다는 하나님을 향한 신뢰의 고백을 담은 노래가 "주는 나를 기르시는 목자"이다.

훗날 이 부부의 변치 않는 믿음의 고백은 실제가 되어 이들에게 부족함 없는 축복으로 더해졌고 대대로 하나님을 찬양하며 은혜를 전하는 믿음의 가정이 되었다.

After Story

장수철(1917~1966) 선생은 어린이를 사랑하는 사람이었다. "탄일종", "바닷가에서" 등 아름다운 동요를 작곡했고, 특히 기독교 음악을 깊이 연구하고 가르치며 유년 주일학교용 성가집《탄일종》을 발간하기도 했다.

또한 전쟁 중에 고아가 된 32명의 어린이를 선발해 선명회어린이합창단을 만들었는데 이 합창단은 전 세계에서 공연하며 전쟁의 폐허와 절망 속에서도 한국에 소망이 있음을 알렸다. 가는 곳마다 좌석이 부족할 정도로 엄청난 돌풍을 일으킨 선명회어린이합창단의 공연에 대해 미국 언론사들은 천사의 연주라며 극찬을 아끼지 않았다. 세계 순회공연을 마치고 귀국한 장수철 선생은 결국 과로로 인해 건강이 악화되어 1966년 49세의 젊은 나이로 생을 마감했다. 그러나 인생의 매 순간마다 하나님의 인도하심을 구하며 순종했던 그와 그의 가정의 고백은 지금까지도 수많은 사람들에게 선한 영향력을 끼치고 있다.

늘 찬양과 복음에 대한 열정이 컸던 장수철 선생의 일화가 있다.

미국에서 운전기사의 절반도 안 되는 봉급을 받으며 일하고 공부해야 했던 시절, 이런 그의 형편을 가슴 아파했던 아내에게 그는 이렇게 말했다고 한다.

"내가 하고 싶은 일이 바로 찬양과 전도하는 일 아니겠소? 내 돈을 들여서라도 할 일인데 이런 여건 속에 하나님께서 나를 두셨으니 굶더라도 해야 할 일이오." – 장수철 –

주는 나를 기르시는 목자

작사 : 차봉춘 / 작곡 : 장수철

주는 나를 기르시는 목자요 나는 주님의 귀한 어린양
푸른 풀밭 맑은 시냇물 가로 나를 늘 인도하여 주신다

예쁜 새들 노래하는 아침과 노을 비끼는 고운 황혼에
사랑하는 나의 목자 음성이 나를 언제나 불러 주신다

못된 짐승 나를 해치 못하고 거친 비바람 상치 못하리
나의 주님 강한 손을 펼치사 나를 주야로 지켜 주신다

후렴)
주는 나의 좋은 목자 나는 그의 어린양
철을 따라 꼴을 먹여 주시니
내게 부족함 전혀 없어라

어린 아들에게 깨달음을 얻은 부부의 고백

024 너 근심 걱정 말아라

전국을 다니면서 전도 집회를 하고 복음을 전하던 마틴 목사와 그의 가족, 즉 그의 아내와 아홉 살 난 아들은 1904년 뉴욕에 있는 한 성경 학교를 방문했다. 성경 학교 교장과 함께 찬송가 편집 작업을 하기 위해서였다.

그런데 뉴욕에 도착하자 아내 마틴 여사의 건강에 이상이 왔다. 상태는 점점 더 나빠져 마틴 목사가 병상을 떠나지 못하고 병간호를 해야 할 정도였다. 마틴 목사는 아내에 대한 미안함과 염려로 마음이 어두워졌다. 게다가 아내의 상태가 가장 악화된 날은 마침 지역 교회에서 저녁 설교까지 부탁받은 날이었다.

아내 마틴 여사는 걱정 말고 일정대로 설교를 마치고 돌아오기를 권면했지만 마틴 목사는 한참 동안 고민하다가 교회에 연락해 설교 부탁을 거절하기로 마음을 먹었다. 그때 이 모습을 지켜보던 어린 아들이 그에게 다가왔다. "아빠, 만약에 하나님이 아빠가 오늘 밤에 설교를 하기 원하신다면 아빠가 안 계시는 동안 하나님께서 엄마를 지켜 주실 거라고 생각하진 않으세요?"

마틴 목사는 아들의 말에 깜짝 놀랐다. 그것은 마치 어린 아들의 말이 아닌 성령님께서 마틴 목사에게 깨우쳐 주시는 음성처럼 그의 가슴을 크게 울렸다. 지금까지 자신과 가족의 걸음을 인도하시고 보호하신 하나님, 그리고 앞으로 나아갈 길까지도 예비하고 계시는 하나님. 그분의 부르심을 따라 지금까지 살아왔음에도 불구하고 눈앞에 문제가 닥치자 하나님이 하실 일까지 잊어버린 채 염려했던 자신의 태도가 한없이 부끄럽게 느껴졌다.

그날 밤, 마틴 목사는 가족의 손을 잡고 기도한 뒤 일정대로 설교 부탁을 받은 지역 교회로 향했다. 그곳에서는 마틴 목사를 통해 어느 때보다도 힘 있고 확신에 찬 복음의 메시지가 울려 퍼졌다.

성도들과 함께 뜨거운 예배를 드리고 돌아온 숙소에서는 한결 회복된 모습의 아내가 마틴 목사를 맞이했다. 그리고 마틴 목사에게 쪽지를 하나 건네주었다. 그 쪽지에는 마틴 여사가 아들의 말에 영감을 얻어 쓴 찬송시가 적혀 있었다. 아내의 시를 읽은 마틴 목사는 그 자리에 앉아 음표를 적어 내려가며 시에 맞는 곡조를 완성했다.

그날 밤 마틴 여사의 병상 주변에서는 작은 가족 음악회가 열렸다.

너 근심 걱정 말아라 주 너를 지키리

주 날개 밑에 거하라 주 너를 지키리

주 너를 지키리 아무 때나 어디서나

주 너를 지키리 늘 지켜 주시리

이렇게 아들을 통해 받은 영감으로 아내가 시를 쓰고, 남편이 곡을 붙인 찬송 '너 근심 걱정 말아라'는 세상에 나오게 되었고, 그날 이후 마틴 여사는 병상에서 회복해 남편의 사역을 헌신적으로 내조했다.

　월터 스틸맨 마틴(Walter Stillman Martin, 1862~1935) 목사는 본래 미국 메사추세츠 주 태생으로 하버드 대학을 수료하고 한때 신학대학 교수로 재직했지만 목회 활동에 더 전념하기 위해 교수직을 그만두고 전국을 다니며 평생을 복음 전도에 힘썼다. 또한 시적 재능이 있는 아내 시빌라 더피 마틴(Civilla D. Martin, 1868~1948)의 찬송시에 곡을 붙여 "내 죄 사함 받고서", "예수의 이름 힘입어서" 등 여러 찬송곡을 발표했다. 아내가 시를 쓰고 남편이 곡을 붙이며 여러 곡의 주옥같은 찬송곡을 발표한 마틴 부부는 평생 복음을 전하는 사도의 삶을 살았다.

너 근심 걱정 말아라 주 너를 지키리
God will take care of you

작사 : 시빌라 더피 마틴 / 작곡 : 월터 스틸맨 마틴

너 근심 걱정 말아라 주 너를 지키리
주 날개 밑에 거하라 주 너를 지키리
주 너를 지키리 아무 때나 어디서나
주 너를 지키리 늘 지켜 주시리

어려워 낙심될 때에 주 너를 지키리
위험한 일을 당할 때 주 너를 지키리
주 너를 지키리 아무 때나 어디서나
주 너를 지키리 늘 지켜 주시리

너 쓸 것 미리 아시고 주 너를 지키리
구하는 것을 주시며 주 너를 지키리
주 너를 지키리 아무 때나 어디서나
주 너를 지키리 늘 지켜 주시리

어려운 시험 당해도 주 너를 지키리
구주의 품에 거하라 주 너를 지키리
주 너를 지키리 아무 때나 어디서나
주 너를 지키리 늘 지켜 주시리

신뢰와 감사

"나 남이 없는 것 갖게 하셨네"
송명희 시인의 삶의 고백

025 나 가진 재물 없으나

송명희 시인은 1963년, 태어날 때 의사의 실수로 뇌를 다쳐 평생을 뇌성마비로 살아야 했다. 열악한 가정형편으로 치료조차 어려웠던 그녀는 어린 시절부터 휠체어도 없이 좁은 방안에서 누워 지냈고 이때의 고통은 마음과 영혼까지 멍들게 했다.

그녀는 늘 혼자였다. 텔레비전에 나오는 연예인들이 그녀의 유일한 친구이고 우상일 뿐 그녀의 외로움은 나날이 깊어져 갔다. 사춘기 소녀가 된 송명희 시인은 삶을 저주하기 시작했다. 나를 왜 이렇게 낳았냐고 어머니에게 원망하며 반항했고 하나님이 계시다면 이런 삶은 있을 수 없다고 하늘을 향해 소리를 질렀다. 미치고 싶었지만 미쳐지지 않는 게 가장 큰 고통이었다. 죽고 싶었지만 죽을 수도 없었다.

극심한 절망감과 괴로움에 지친 그녀는 하나님을 찾게 되었다. 부정하고 싶었던 존재, 무시하고 저주 했던 존재였던 하나님을 만나고 싶다는 생각이 들었다. '정말 계시나요? 하나님, 저를 만나주세요. 제발 저를 만나주세요...' 제대로 가눌 수 없는 몸으로 엎드려 부르짖던 열 여섯의 소녀 송명희 시인은 그날, 특별한 체험을 하게 되었다. 가슴속에 눈부시게 밝은 빛이 떠올라 환하게 비추는 것을 보게 된 것이다. 하나님을 믿으라는 말씀도 또렷이 보였다. 그녀는 그제서야 오랫동안 원망해왔던 하나님을 향해 '하나님.... 저는 죄인입니다...'라는 고백을 울음과 함께 터뜨렸다. 잇따라 나온 말은 '아버지...' 한마디였다.

그날 이후 그녀는 종일 성경을 펼쳐 말씀을 읽기 시작했다. 하지만 여전한 가난과 외로움은 삶을 초라하고 비참하게 만들어 또다시 그녀를 울게했다. "왜 나를 이렇게 만드셨나요? 나는 아무것도 없어요. 친구도 없고, 자유롭지도 못하고 가진 것도, 배운 것도 없잖아요.... 아무 것도 할 수 없는 내가 도대체 무엇을 할 수 있나요?" 그렇게 힘없이 눈물을 흘리는 송명희 시인에게 하나님이 불러주신 시 한편, 그녀는 왼손에 토막연필을 쥐고 그 시를 받아 적기 시작했다.

나 가진 재물 없으나
나 남이 가진 지식 없으나
나 남에게 있는 건강 있지 않으나
나 남이 없는 것 있으니
나 남이 못 본 것을 보았고,
나 남이 듣지 못한 음성 들었고,
나 남이 받지 못한 사랑 받았고,
나 남이 모르는 것 깨달았네
공평하신 하나님이
나 남이 가진 것 나 없지만
공평하신 하나님이 나 남이 없는 것 갖게 하셨네

몸부림치며 부정하고 싶었던 하나님의 존재, 절대 공평하지 않다고 저주하며 원망했던 하나님의 존재를 뒤틀린 작은 그녀의 몸이 하나님의 음성을 따라 흐느끼며 찬양하고 있었다. 이 시는 곧 '나' 라는 찬양곡으로 불리게 되었고 이 찬양을 통해 송명희 시인은 세상에 알려졌다.

어느 날, 송명희 시인에게 상상할 수 없는 제안이 들어왔다. 그녀의 고통을 마음아파하던 후원자가 미국에서 치료를 받게 하려는 것이었다. 송명희 시인도 놀라 가슴이 뛰었다. 그러나 잠시 눈을 감고 기도를 마친 그녀는 떨리는 목소리로 이렇게 말했다. "주님이… 만들어 놓으신 이대로…. 그냥 살겠어요…. 난…. 이대로가 좋아요"

펜 하나 제대로 쥐기 어려운 몸으로 공평하신 하나님을 노래하는 시인, 세상은 그녀의 시 앞에 고개를 숙였고, 그녀는 지금도 불편한 몸을 일으켜 찬송의 시를 쓰고 있다.

뇌성마비 장애를 이겨내며 수백편의 시를 쓰고 발표한 송명희 시인은 수년동안 불편하고 병약한 몸으로도 부르는 곳이라면 어디든지 가서 간증과 복음을 전했다. 그러나 현재는 건강이 악화돼 모든 활동을 중단하고 병마와 싸우고 있으며 병상에서도 펜을 놓지 않고 찬송의 시를 쓰고 있다.

"진흙을 등에 이고 있는 것 같이 고통스럽지만 아직도 내게는 주를 위해 찬양해야 할 일들이 너무 많아요..." – 송명희 –

수족을 움직이지 못하여
누군가의 도움을 받아야 하는 외로움은
십자가에 수족을 못 박으신
예수 그리스도의 외로움입니다
– 송명희 시 '외로움'중 –

나 가진 재물 없으나

작사 : 송명희 / 작곡 : 최덕신

나 가진 재물 없으나

나 남이 가진 지식 없으나

나 남에게 있는 건강 있지 않으나

나 남이 없는 것 있으니

나 남이 못 본 것을 보았고,

나 남이 듣지 못한 음성 들었고,

나 남이 받지 못한 사랑 받았고,

나 남이 모르는 것 깨달았네

공평하신 하나님이

나 남이 가진 것 나 없지만

공평하신 하나님이 나 남이 없는 것 갖게 하셨네

Give Thanks

시각장애 청년의 감사의 고백

026 거룩하신 하나님(Give Thanks)

한창 의욕과 열정이 가득할 청년 시절이었지만 헨리 스미스에게는 내일을 기대하는 것조차 힘든 일이었다. 퇴행성 안구 질환으로 하루가 다르게 시력이 떨어져 앞이 점점 보이지 않았기 때문이다. 결국 시각장애인 판정을 받고 대학교 공부를 어렵게 마쳤지만 헨리는 졸업 후 취업이라는 또 다른 난관 앞에 서야 했다. 이력서를 들고 찾아가는 회사마다 장애를 가진 그를 보며 난감해할 뿐 채용해 주는 곳은 없었기 때문이었다. 생계를 해결하기 위해 어떤 일이라도 해야 했던 그는 한 교회에서 임시직으로 일을 돕게 됐다. 잔 업무를 돕는 임시직이 대학교를 갓 졸업한 청년에게 좋은 자리라 할 수는 없었지만 헨리는 성실하게 일하며 교회를 찾아오는 사람들을 도왔다.

점점 희미해져 가는 시력으로 일을 하고 누군가를 돕는다는 것은 쉽지 않은 일이었다. 이제는 눈보다 손으로 만져 기억해 두어야 할 것들이 많아졌다. 정상인처럼 신속하게 일을 처리하기 위해 헨리는 소소한 일상의 일들을 비롯한 많은 일들을 남들보다 몇 배의 시간을 소요해 익숙해질 때까지 외우고 훈련해야 했다.

매사에 긍정적이고 성실한 태도로 살아가는 그였지만, 친구들이나 교회 청년들과 모일 때면 장애로 인한 불편함과 어려움이 열등감으로 느껴져 마음이 괴로웠다.

'왜 이 친구들과 나는 다른 걸까?', '하나님은 왜 나에게 이런 삶을 허락하셨을까?' 한 번 시작된 부정적인 생각과 원망은 끝도 없이 헨리의 삶을 파고들었고 하나님을 향한 불만과 비교 의식은 그의 내면 안에 무겁게 자리하고 있었다.

그러던 어느 주일 예배 시간, 목사님이 읽어 주신 고린도후서 8장 9절이 귀에 들어왔다. "우리 주 예수 그리스도의 은혜를 너희가 알거니와 부요하신 이로서 너희를 위하여 가난하게 되심은 그의 가난함으로 말미암아 너희를 부요하게 하려 하심이라."

　평소와 다름없는 예배 시간이었지만 이 한 구절의 말씀이 그의 마음에서 오래도록 떠나지 않았다. 예배가 끝난 후 돌아가는 길에도, 집에 돌아온 후에도 헨리는 오래도록 그 성경 구절을 되뇌며 묵상했다.

　하늘의 보좌를 버리고 연약한 인간의 옷을 입고 이 땅에 내려오신 예수님, 우리를 위해, 나를 위해 부요한 자리 대신 가난한 자리를 택하시고 강한 자의 자리 대신 약한 자의 자리에 서신 예수님. 그리고 그 가난함과 약함으로 세상의 모든 부요와 강함을 이기고 우리를 살리신 예수님. 나를 살리신 예수님…. 두꺼운 안경 너머로 굵은 눈물이 떨어졌다.

　'이 은혜를 약하고 가난한 내게 주셨구나…. 그리고 이 은혜로 나를 강하고 부요하게 하시는구나….' 헨리는 그동안 마음속 깊은 곳에 숨겨 둔 원망과 불평을 감추지 않고 기도로 고백하며 회개하기 시작했다.

　생각해 보니 눈이 보이지 않는 가운데서도 무사히 학교를 졸업했다는 사실이 감사했다. 지금까지 안전하게 살아온 것도 감사했다. 하루를 성실하게 보낼 수 있는 일을 주신 것도 감사했고 친구들과 함께 예배를 드리는 일상도 감사했다. 교회 안에서 한 자매를 만나 사랑할 수 있음도 감사했다. 무엇보다 눈을 뜨고도 누리지 못하는 영적인 부요를 자신이 누리고 있음을 깨닫고 감사하게 되었다. 감사의 고백이 넘치자 헨리는 이 마음을 하나님께 노래로 표현하고 싶었다. 한 번도 찬양을 지어 본 적은 없었지만 거칠고 서툰 고백이라도 하나님께 들려드리고 싶어 시를 쓰고 곡조를 붙여 한 곡의 노래를 완성했다. 잔잔한 곡조 위에 하나님을 향한 벅찬 감격과 감사의 마음을 담은 이 곡이 "거룩하신 하나님"이다.

After Story

1986년, 세계적인 한 찬양 음반사에서는 앨범 발매를 앞두고 한 가지 문제로 고심하고 있었다. 새 앨범의 타이틀곡으로 결정된 찬양곡의 원작자가 밝혀지지 않았기 때문이다. 사람들의 입을 통해 전해 온 곡이라 원작자를 찾기란 쉽지 않았고 결국 원작자를 찾지 못한 채 앨범은 발매되었다. 이 찬양곡은 곧 복음성가 정상의 자리에 올라 미국 전역에 알려졌고 그제야 이 곡 "거룩하신 하나님"을 작사, 작곡한 헨리 스미스를 찾아낼 수 있었다.

감사를 노래하기 시작한 헨리 스미스(Henry Smith)의 영혼과 삶에는 축복이 넘치기 시작했다. 하지만 찬양 작곡자로 유명해진 후에도 그는 변함없이 청소년 사역의 자리를 지키며 지역 교회를 섬겼고, 악보를 읽을 수 없어 기억력을 의지해 기타를 연주하는 예배 인도로 늘 사람들을 감동케 했다.

이제는 매 순간 감사할 일을 먼저 떠올리는 헨리 스미스, 비록 장애로 인해 많은 곳을 갈 수도, 많은 것을 볼 수도 없었지만 그가 지은 노래는 지금도 세계 곳곳에서 수많은 사람들을 위로하며 일으키고 있다.

"장애는 나를 더디게 만들었지만, 결코 멈추게 할 수는 없죠. 내가 드러나지 않고 매 순간마다 하나님이 우선이 될 때, 하나님은 우리를 놀랍게 사용하시니까요." - 헨리 스미스 -

거룩하신 하나님
Give Thanks

작사 • 작곡 : 헨리 스미스

거룩하신 하나님 주께 감사드리세

날 위해 이 땅에 오신 독생자 예수

나의 맘과 뜻 다해 주를 사랑합니다

날 위해 이 땅에 오신 독생자 예수

내가 약할 때 강함 주고

가난할 때 우리를

부요케 하신 나의 주

감사 감사

가난한 목사가 공장 한켠에서 쓴 감사의 고백

027 그 크신 하나님의 사랑

프레데릭 레만 목사는 1868년, 독일 슈베린의 메클렌부르크(Meck lenburg, Schwerin)에서 태어났다. 그는 4살 때 가족을 따라 미국으로 이민해서 아이오와에 정착했고, 열한 살이 되던 해에 그곳에서 예수님을 믿게 되었다. 후에 노스웨스턴대학을 졸업하고 목사가 되었지만 아주 가난한 시골 교회에서만 사역을 했기 때문에 대부분의 교회에서 생활비도 제대로 받을 수 없었다. 생활에 대한 염려가 있었지만 그는 사역지를 떠날 수 없었다. 도시 선교 못지않게 시골 선교가 중요하다는 것을 누구보다 잘 알고 있었기 때문이었다. 가족을 부양하기 위해 레만 목사는 교회 사역이 없는 시간에는 공장이나 병원을 다니며 일거리를 얻어 생활비를 벌었다. 그러면서 틈틈이 오랜 친구인 몽당연필로 찬송시를 쓰는 것이 그의 큰 행복이었다.

한번은 치즈 공장에서 일을 할 때였다. 점심시간이 되자 레만 목사는 아내가 싸 준 도시락을 먹기 위해 빈 상자 위에 걸터앉았다. 도시락을 감싼 신문지를 벗겨 내던 중 신문 한쪽 구석에서 처음 보는 시를 발견했다. 그 시는 1050년에 독일 봄스(Worms)에 있는 유대인 회당의 찬양 지휘자가 쓴 유대교 찬양시 「하다무트(서곡)」(Haddamut(Prelude))이었다.

온 하늘을 양피지로 삼고,

세상의 모든 초목과 칼들을 펜으로 삼아,

땅 위의 모든 물을 잉크로 채우고,

모든 사람이 능숙한 필기사가 된다 할지라도,

하나님의 크신 영광에 대한 기이한 이야기를 다 적을 수 없으리라.

지극히 높으신 그분은 옛적에 홀로 땅과 하늘을 만드셨도다.

레만 목사는 시를 묵상하느라 점심을 먹는 것도 잊을 정도로 시에 빠져들었다. 비록 그가 앉아 있는 곳은 먼지 날리는 공장 한구석이었지만 시를 읽는 그의 마음에 하나님의 경이로운 사랑이 충만하게 넘치고 있었다.

옛적부터 전해져 온 창조주의 놀라운 능력과 하나님의 백성을 향한 신실한 사랑을 노래한 이 시에 감동을 받은 레만 목사는 그 자리에서 몽당연필을 손에 쥐고 찬송곡을 쓰기 시작했다. 말로 다 표현할 수 없는 하나님의 은혜와 사랑을 노래한 시로, 첫째 연과 둘째 연을 새롭게 쓰고 후렴을 덧붙였다. 그리고 셋째 연은 기존의 시를 토대로 해 운을 맞춰 고쳤다. 그리고 완성된 시에 곡조를 붙여 찬송곡을 완성했다. 세계적인 찬송가 "그 크신 하나님의 사랑"은 1917년 이렇게 남루한 공장 한 켠에서 가난한 시골 교회 목사를 통해 세상에 모습을 드러냈다.

After Story

프레데릭 레만(Frederick Martin Lehman, 1868~1953)은 그 후에도

지속적으로 찬송시를 써 수백 곡의 찬양곡을 완성했고 다섯 권의 찬양집을 발행했다. 세상을 떠난 후 그의 이름을 기억하는 사람들은 많지 않지만 그가 지은 찬송 "그 크신 하나님의 사랑"은 세월이 흐를수록 깊이와 은혜를 더하며 세상에 전해지고 있다.

이 찬송과 관련해 제2차 세계대전 당시 수백만 명의 유대인들이 비참하게 학살되었던 수용소에 얽힌 일화가 있다.

아우슈비츠는 독일군에 의해 유대인들이 동물처럼 학대받으며 연기로 불태워진 강제 포로수용소였다. 전쟁이 종료될 즈음 연합군은 이 수용소를 독일군에게서 탈환했다. 수없는 유대인들의 피 맺힌 절규와 원망이 가득했을 수용소를 둘러보던 한 미군 병사가 벽에 희미하게 쓰인 낙서를 발견하고 깜짝 놀랐다.

그 크신 하나님의 사랑 말로 다 형용 못하네
하늘을 두루마리 삼고 바다를 먹물 삼아도
한없는 하나님의 사랑 다 기록할 수 없겠네

지옥과 같은 절망과 견딜 수 없는 고통 가운데서도 믿음의 사람은 끝까지 하나님을 찬송하고 있었던 것이다. 어떤 상황에서도 하나님을 신뢰하는 신앙, 찬송하는 힘을 가진 자는 죽음도 위협할 수 없다는 것을 전하는 일화이다.

그 크신 하나님의 사랑
The Love of God

작사 • 작곡 : 프레데릭 레만

그 크신 하나님의 사랑 말로 다 형용 못하네
저 높고 높은 벽을 넘어 이 낮고 낮은 땅 위에

괴로운 시절 지나가고 땅 위에 영화 쇠할 때
주 믿지 않던 영혼들은 큰 소리 외쳐 울어도

주 믿는 성도들에게 큰 사랑 베푸사
우리의 죄 사했으니 그 은혜 잊을까

하늘을 두루마리 삼고 바다를 먹물 삼아도
한없는 하나님의 사랑 다 기록할 수 없겠네

후렴)
하나님 크신 사랑은 측량 다 못하며
영원히 변치 않는 사랑 성도여 찬양하세

하나님의 크신 사랑 그 어찌 다 쓸까
저 하늘 높이 쌓아도 채우지 못하리

대자연 앞에서 창조주께 올려드린 감사와 감격의 고백

028 참 아름다워라

　1858년 뉴욕의 명문가에서 태어난 말트비 밥코크 목사는 다재다능하고 매력적인 사람이었다. 하나님이 인간에게 주신 여러 재능에 큰 호기심과 열정을 가지고 있던 말트비 밥코크 목사는 어떤 일이든지 활발하고 왕성하게 참여했다. 그는 신학대학을 다니며 성경에 깊이 빠져 신학을 공부하면서도 음악적인 열정을 쏟으며 학교의 오케스트라를 지휘하기도 했다. 게다가 운동 실력도 뛰어나 야구팀의 주장으로 주목받으며 뛰기도 했고 날렵한 수영

선수로 활약하기도 하는 등 바쁜 학창 시절을 보냈다.

좋은 환경에서 태어난 데다가 훤칠한 키와 근육질의 외모를 갖춘 그가 다방면에서 두각을 보이는 것을 보며 주위 사람들이 시샘할 만도 했지만, 영혼을 향한 그의 따뜻한 마음씨와 사물을 바라보는 긍정적인 시선에 모두들 금세 친구가 되곤 했다.

학교를 졸업한 후 말트비 밥코크 목사는 뉴욕 락포트 장로교회에서 사역을 시작했다. 처음 맡은 사역지에서 하루하루가 바삐 흘러갔지만, 틈틈이 락포트 북쪽에 있는 산에 올라가 멀리 내려다보이는 온타리오 호수와 주변의 경치를 즐기며 묵상하곤 했다. 그야말로 자연 속에서 누리는 하나님과의 데이트였다. 얼마나 이 시간을 즐거워했는지 산에 올라갈 때면 아내에게 "내 아버지의 세계를 보고 오겠소!"라고 흥분된 목소리로 말할 정도였다.

장엄하고 견고하게 펼쳐진 산맥들과 넉넉한 품을 열어 나이아가라 폭포를 받아 내는 온타리오 호수를 바라보노라면 창조주 하나님의 솜씨에 세상의 시름을 잊은 채 탄성을 지를 수밖에 없었다. 이 장관에 더해 흐르는 물소리와 산새들의 지저귐, 바람에 흔들리는 나뭇잎의 소리…. 이 모든 것이 하나님을 찬양하는 노랫소리로 들렸다. 피조물에 대한 감탄은 비단 장엄한 풍

광에서만 비롯한 것이 아니었다. 산을 오르다 마주치는 풀 한 포기, 꽃 한 송이에서도 말트비 밥코크 목사는 창조주의 섬세하고 신비로운 손길을 느꼈다. 지금까지 들어온 그 어떤 음악도, 그 어떤 예술 작품도 이에 비할 수 없었다. 그동안 열정적으로 섭렵해 온 모든 지식과 경험을 동원해도 다 표현할 수 없을 만큼 경이로운 아름다움이었다. 이러한 감격 속에서 창조주 하나님을 향한 찬양의 고백이 입술에서 탄성처럼 시로 터져 나왔다.

참 아름다워라
참 아름다워라 주님의 세계는
저 솔로몬의 못보다 더 고운 백합화
주 찬송하는 듯 저 맑은 새소리
내 아버지의 지으신 그 솜씨 깊도다 …

이후에도 말트비 밥코크 목사는 사역지에서 수많은 젊은이들과 성도들을 상담하며 곳곳에서 열정적으로 말씀을 전했다. 그러다 과로로 몸이 약해져 1901년, 안타깝게도 43세의 젊은 나이로 세상을 떠났다. 그가 쓴 주

옥같은 이 시는 그의 사후에 아내에게 발견되어 세상에 알려졌고 1915
년 그의 친구인 프랭클린 로렌스 세파드(Franklin Lawrence Sheppard,
1852~1930)가 곡을 붙여 "참 아름다워라"는 찬송곡으로 완성되었다.

 말트비 밥코크 목사는 생전에 이 찬송가를 들을 수 없었지만 그를 기억하
는 사람들은 삶으로 예수 그리스도의 사랑과 열정을 보여 준 말트비 밥코크
목사를 추억하며 이 찬송가를 불렀다. 그리고 그가 하늘나라로 간 지 100년
도 더 된 지금, 창조주 하나님을 찬양한 그의 시는 전 세계에서 불리고 있다.

After Story

 말트비 밥코크(Maltbie D. Babcock, 1858~1901) 목사는 주어진 매 순
간마다 열정을 다하며 몸을 아끼지 않고 헌신하는 사람이었다. 본격적으로
사역을 시작한 후에는 영혼을 향한 열정과 깊이 있고 유창한 설교로 사역지
마다 부흥을 일으켰다. 비록 43세의 젊은 나이에 세상을 떠났지만 그의 시

와 설교문은 사후에 아내를 통해 「Thought of Everyday Living」라는 책으로 출간돼 많은 사람들에게 도전과 감명을 주었다.

참 아름다워라
This is My Father's World

작사 : 말트비 밥코크 / 작곡 : 프랭클린 로렌스 세파드

참 아름다워라
참 아름다워라 주님의 세계는
저 솔로몬의 못보다 더 고운 백합화
주 찬송하는 듯 저 맑은 새소리
내 아버지의 지으신 그 솜씨 깊도다

참 아름다워라 주님의 세계는
저 아침 해와 저녁놀 밤하는 빛난 별
망망한 바다와 그 푸른 봉우리
다 주 하나님 영광을 잘 드러내도다

참 아름다워라 주님의 세계는
저 산에 부는 바람과 잔잔한 시냇물
그 소리 가운데 주 음성 들리니
주 하나님의 큰 뜻을 내 알 듯하도다

저작권 / 참고문헌

1. 먼저 그 나라와 의를 구하라 (SEEK YE FIRST) by Karen Lafferty
Copyright@1972 CCCM Music/Maranatha! Music.
Administered by copyCare Asia(Service@copycare.asia). All rights reserved. Used by permission
Authorised Korean translation approved by CopyCare Asia.

2. 목마른 사슴 (AS THE DEER) by Martin Nystrom
Copyright@1984 and in this translation 2000 Maranatha! Praise Inc.
Administered by copyCare Asia(Service@copycare.asia). All rights reserved. Used by permission
Authorised Korean translation approved by CopyCare Asia.

3. 사랑해요 목소리 높여 (I LOVE YOU LORD) by Laurie Klein
Copyright@1978 House of Mercy Music/Maranatha! Music
Administered by copyCare Asia(Service@copycare.asia). All rights reserved. Used by permission
Authorised Korean translation approved by CopyCare Asia.

4. 주 예수보다 더 귀한 것은 없네 (I'D RATHER HAVE JESUS) by RHEA F. MILLER(1966)
/ George Beverley Shea
Copyright@Word Music LLC.
Administered by copyCare Asia(Service@copycare.asia). All rights reserved. Used by permission
Authorised Korean translation approved by CopyCare Asia.

5. 내 구주 예수님 (SHOUT TO THE LORD) by Darlene Zschech
Copyright@1993 and in this translation 2000 Hillsong Publishing.
Administered by copyCare Asia(Service@copycare.asia). All rights reserved. Used by permission
Authorised Korean translation approved by CopyCare Asia.

6. 거룩하신 하나님 (GIVE THANKS) by Henry Smith
Copyright@1978 and in this translation 2000 Integrity's Hosanna! Music.
Administered by copyCare Asia(Service@copycare.asia). All rights reserved. Used by permission
Authorised Korean translation approved by CopyCare Asia.

7. 나의 가는 길 (GOD WILL MAKE A WAY) by Don Moen
Copyright@1990 and in this translation Integrity's Hosanna! Music.
Administered by copyCare Asia(Service@copycare.asia). All rights reserved. Used by permission
Authorised Korean translation approved by CopyCare Asia.

8. 마음의 예배 (THE HEART OF WORSHIP) by Matt Redman
Copyright@1999 Thankyou Music.
Administered by copyCare Asia(Service@copycare.asia). All rights reserved. Used by permission
Authorised Korean translation approved by CopyCare Asia.

1. 영시로 읽어보는 찬송가 이야기 I 장인식 / 도서출판 신성 2006
2. 이야기가 있는 경배와 찬양 필 크리스텐슨, 쉐리 맥도널드 / 죠이선교회 출판부 2002
3. 찬송가 탄생의 비밀 이중태 / 도서출판 선·미디어
4. 한국개신교 찬송가 연구 김숙자 / 장로교신학대학출판부 2003
5. 영혼의 찬양 전도자 패니 크로스비 가진수 / 아이러브처치 2008
6. 101 More Hymn Stories Kenneth W. Osbeck / Grand Rapids: Kregel 1985
7. Living Stories of Famous Hymns Ernest K. Emurian / Grand Rapids: Baker 1983
8. Hymn stories Konkel, Wilbur / Salem: Schmul 1986
9. A hymn is born Bonner, Clint / Nashville: Boradman 1959
10. GOD with Us Don Moen / Integrity Music 1994